来談者中心カウンセリング私論　改訂版

序

平成二年に『来談者中心カウンセリング私論』という書物を出してから二冊の書物を出版しました。あれから一八年ほどが経過し、書物の内容も、初心者向けに書いたのだからと内容の追加改訂を怠けていました。しかし、昨今のわが国の心の荒廃ぶりを目の当たりにするにつけ、このままでいいのかという不安と苛立ちの気持ちが湧いてきています。二一世紀はカウンセリングの時代だといわれてまだ何年も経たないうちに、日本の人の心はどうなったのでしょう。日常の世界の至る所といっていいでしょうか。産業、スポーツ、さらには政治の世界まで、人間の在り方の基本がないがしろにされている事態をみるにつけ、もう一回カウンセリングの基本をきちんと世間に問わなければいけないと痛感しています。そうしないと、カウンセリングの世紀とは名ばかりです。

私はカウンセラーと呼ばれ、カウンセリング教室を何か所かで運営しています。東京教育大学大学院の頃まで、学校で単位を取る必要もあって当時問題になっていたいろいろな心理療法のやり方を学んできたのですが、昭和三二年にカール・ロジャーズの著書に触れてから、この人のやり方で学んでみようと思いました。最初は真似をして、サイコセラピーやカウンセリングを学習してきました。やがて私なりのやり方でも成功例がでた時、この人のやり方でずっと続けようと思いました。あれこれ模索をし、真似から脱出し、彼のやり方を基礎に置きながら自分のやり方で面接ができるようになりました。この書物では、私がどのようにして来談者中心カウンセリングを学んで今日に至ったかという流れをご紹介し、何らかの参考にしていただければという気持ちから執筆しました。

カウンセリングの学習の仕方はこれでいいというものはありません。自分にあったカウンセリング学習法がいいのだと思います。私はロジャーズのやり方が私にピッタリという気がして、もっぱら彼のやり方だけで面接を続け、勉強会を指導していますが、他の人にこのやり方を強制する気持ちは微塵もありません。ある人はフロイトのやり方が、また別の人はユングのやり方が、また別の人は別のやり方が……というようにその人にあったやり方がいいと思います。カウンセリングは治療だという立場をとっている人もいるかもしれませんし、また別の人は豊かな人柄の存在に近づいていくのがその目標だといいます。これも人さまざまです。

ただ、私はこのやり方をほぼ五〇年ほど続けてきて、人間はどの人も、すべてその人なりの理想像へ少しでも近づきたいという一心で生活をしていると感じています。私なりにカウンセリングをいえば、人がそれぞれに自分で持っている理想的人間へ少しでも近づくための、最も効果的な人間関係の方法論だと思うのです。

この書物をご一読されて、何らかの参考になれば望外の喜びです。

平成一九年七月

岸田　博

目次

第一章　カウンセリングとはなんだろう

第一節　カウンセリングをする前に必要なもの

人はそれぞれいつも悩みを抱えています。悩みがない人はこの世に存在していません。どの人もその人なりに素晴らしい人、人格者？いや、人間性豊かな人になりたいと思って生きています。でもその道筋の途中にはいろいろな不具合があります。ある場合は事がらの悩みが、たとえばお金がない、仕事がない、結婚したいけれど相手がいないなどの悩みがその人の生活を苦しめているのかもしれません。ある人は自分の欠点ばかりが気になっているかもしれません。あの人を好きになったのだけれど、どうやってうち明けたものかと悩んでいる人もいるでしょう。もしこれらの悩みが事がらの悩みなら、もう答えは出ていると思われます。

でも、こちらの思っているように答えが出ない悩みもあります。人間関係の悩みがそれです。人間関係の悩みは知的なところにはないのです。だからどんなに知的に考えて答えを出してもそれは一時的で、気休めにしかなりません。カール・ロジャーズのカウンセリングでは、情の世界にその答えを求めています。

どの人にも存在していると思われるのは、自分がいい人になりたいという気持ちです。いい人というのはその人の理想像です。これにどうやって到達していったらいいのでしょう。

今ちまたに流行しているカウンセリングは、大体悩みの解決が主になっています。日本カウンセリング学会や、それに類する諸学会の発表論文や学術雑誌を見るとよく分かるでしょう。もちろん人間関係は悩みをともないますから、悩みの解決が役に立たないということはありません。でも、この、悩みの解決は手段であって最終目標ではありません。私は、カウンセリングとは、私たちが心に秘めている、素敵な人になりたいという願いをかなえる、最も効果的な人間関係の方法論だと思っているのです。素敵な人になるための最も効果的な人間関係の営みの仕方だと考えます。

カウンセリングは、悩みで虐げられている人や、困った問題を抱えている人の治療だけが目的ではないと思っています。悩みの解決ももちろんありますが、それは途中経過であって、悩みの症状が消えたらその人は素晴らしい人になるというわけではないのです。

日本カウンセリング学会がまだ日本相談学会といっていた昭和三七年ごろ、初代会長の故中村弘道先生が、カウンセリングは人間の成長発達に寄与しなければならないといって、小学校児童を例示され、一部の問題児だけに焦点を当てるのはあまりにも姑息であり、カウンセリングは本来全児童を対象にするべきだと仰っていらしたことを今でも鮮やかに思い出します。私はこの考え方に賛同しています。全く同じことが大人の社会にも当てはまるからです。私にはこの言葉がロジャーズのカウンセリングの基本的人間観と結びついていて、カウンセリングは、豊かな人がらを創る人間関係の格好の場だと思えるのです。

この考え方は他の方々の考え方と異なっているように思える時がありますが、私はそれでいいと思っています。

第一項　カウンセリングはメダカの学校に似ている

私が幼い頃、母の実家の田圃の周りにある用水に沢山のメダカが泳いでいました。沢山のメダカは同じ方向を向いて泳いでいます。そこへ小石をポンと投げ入れると、メダカの群れは散り散りになるのですが、やがて同じ方向へ向いて泳ぐのです。それまで先頭を泳いでいたメダカがまた先頭かといえば違います。どこへ行ったか分かりません。メダカはみんな同じ存在だったのです。

これを思い出した時、私たちはみんなメダカと同じだという実感がありました。学歴、権力、社会的地位、役割、いろいろありますが、それはみんなこの世を生きる方便で本質ではないということに気づいたのです。

私は七〇歳を過ぎてから、五〇年ぶりに入院しました。病室では外部の学歴や社会的地位、権力などなんにも必要ないという実感がありました。それらを病室でも振り回している人は、結果として寂しく孤独になっていくという実情を見て、人間はみんな同じ高さにいると実感しました。命の重さは同じなのです。このことは犬でも猫でも同じです。

ロジャーズはこのことをこの上なく大切にします。命の重さです。人種が違っても、政治形態が違っても、宗教が違っても、住処が違っても、どんな生活をしていても、命の重さは同じです。カウンセリングでこれを大事にしている人はロジャーズだと断定します。

第二項　知を主にするやり方・情を主にするやり方

私がなぜロジャーズの面接法を使っているかという理由を申しあげましたが、それを再述してみましょう。まず、問題行動という言動を見る時、問題行動で悩んでいる人を見るか、問題行動そのものを見るかと考えることができます。行動療法は問題行動そのものを見て、人間は後回しだと考えました。ロジャーズ、フロイト、アドラー、ユングなどの人たちは問題行動で悩んでいる人を観ていました。次に、クライエントに接する仕方を見た時、あまたのカウンセラーは知的な接し方を頼りにして接しているということを実感しました。でもロジャーズは情の世界を中心に人間を観ていました。

図1

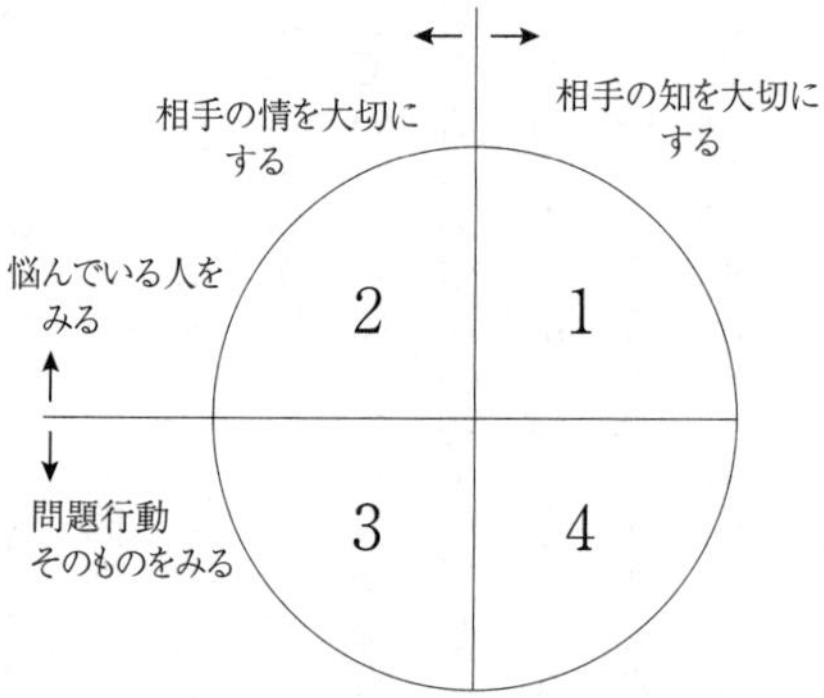

私たちがもっている能力には、知的なものと情的なものとがあります。知的なものとは私たちが生まれてから、乳・幼児期から、いろいろな経験・体験によって獲得した能力の総称です。これは学習によって獲得されていきます。ですから、学習の時期や条件、方法などによっていろいろ影響を受け、その人の知的内容が決定されていきます。

一方、情の世界は、母親から生まれた時にもらってくる能力です。生まれたばかりの新生児が母親からおっぱいをのんでいるかたちがそれをあらわしています。つまり、本能的な言動のひとつなのです。これは哺乳動物共通の言動です。私はこの要素をどのように磨くかということによって、人間性、人がらが決定していくと思います。ロジャーズは、一九四〇年（昭和一五年）の論文でこのことの重要性を取り上げています。

私は知の学習が駄目だと思っているわけではありません。知の学習は私たちが人生を有意義に過ごしていくためにとても大切なものです。乗り物にのったり、書物をひもといたり、いろいろな日常生活に必須な品物を利用したりすることは知が不足していると、その便利さを享受できません。もちろん知が具体的な形になった技術もまったく同じです。トンネルを掘ったり、橋を架けたり、いろいろな器具を発明したりはその一つの例です。私たちは知識と技術とを有効に使うことによって、それらを発明・発見してくれたひとびとに感謝をしながら、文明生活を営んでいます。

文明生活は、私たちのささやかな努力の積み重ねなのだと思うのですが、私たちが豊かに生活するために、年月をかけて身に付けた知識や技術を周りの社会に還元することが、豊かな人間となる大きな根拠になっています。たとえば、青函トンネルや瀬戸大橋などがその一例です。その他、住居、食物、衣類、交通など、私たちの生活の全てに及んでいる物質面の豊かさは、私たちの知的な要素が私たちに豊かな文明生活を保障してくれているしるしです。

私たちは毎日人間関係を行って生活をしています。他の人が周りにいないと生活ができません。文明生活にはこの観点が入っていません。私たちは文明で発見されたいろいろな品物などを使って他の人との人間関係を行うことにより相互に豊かな存在になり、その結果人々に愛され、気に入られたり、尊敬されたりして生活をしたいのです。でが、どうしたらそれが可能でしょうか。知識や権力、社会的地位や役割などはどのように働くのでしょう。

どうしたらこういう素晴らしい人間に到達できるでしょう。まずロジャーズの人間観をご覧下さい。

第二節　カウンセリングをはじめる前に必要な要素

私は、前述の情を重視した生活が、カウンセラー独自のものだとは考えていません。カウンセリングと関係がない友人でも、カウンセラーに必須の要件、人がらの豊かさを備えている人を何人もみています。赤ちゃんを産んで子育てに真剣になっているお母さんはその要素を身につけています。そしてロジャーズのカウンセリングを実践している人にはこの態度が必須です。

ロジャーズのいう基本的態度三条件（一致、受容、共感的理解）の基盤にその人の人間観、人がらがきちんと育っていることが何より大切です。このことはロジャーズの書物にある大学院女子学生の事例で指摘されています。ではこの人間観、具体的にいえば人がらはどのようにして身に付くのでしょうか。ロジャーズの、「人間性にもとづく人間観」を下敷きにしてこのことを考えてみましょう。

第一項　人間観

人間観とは人間をどのようにみるかというもので、人生観とは根本的に異なっています。

一　生育歴を観よう

私たちはみなそれぞれ他の人とは違う顔立ちや体型をしています。私たちがそうなりたくてなったものではありません。生まれて気がついてみたらこんなになっていたのです。それぞれ別の母親から生まれ、育てられ、みんな別々の人になりました。私たちは自分でも知らないうちに、自分の人間関係のもち方を決めています。その人なりの人間関係の創り方ともいえます。

でもどうしてそうなるのでしょう。これにはわけがあります。私たちを産んだ母親との関係がそうさせるのだと分かってきました。母親の人がらが子どもに伝わっていくのです。子どもは自分でも知らないうちに人間関係のもち方を母親から譲られています。このことが私たちの人間性、平たくいえば人がらを創り出すもとになっています。ですから人間を観るみかたは、その人の母親との人間関係（養育関係）に始まります。母親との人間関係が他のいろいろな人との人間関係に応用されていきます。

私たちは自分が好きです。中には突っ張って、そうではないという人もいるでしょうけれど、もっといい人になりたいという願いは、人間観が性善説に基づいているからだと思われます。

でも一方で、性悪説にもとづいて人間を観る人もいます。人間は目を離すとどんなに悪いことをするかも知れないからというのがその理由です。このような傾向をもっている人は、どうも、人間を知的に見る傾向があるようです。人を疑ってみる癖が身に付いているのではないかと思われる傾向があるようです。

さらに第三に、人間は友人との人間関係の質で善人にも悪人にもなると考えている人もあります。俗に問題児といわれている子どもたちが何かの理由で警察などのお世話になると、決まってその子の親や学校の先生たちは、このような発想で子どもを観ます。問題児という忌まわしい言葉は、このようにして子どもに定着していきます。私たちは大人が子どもの一部分を拡大して、レッテルを貼っている姿にとても怖さを感じます。

私たちはどのような見方で自分や他の人をみているのでしょう。きっと基本的には性善説で、時々性悪説を取り入れたり、友達に影響されたりだったりします。でもベースキャンプに喩えたら、性善説がそれです。だって私たちはどの人も自分が好きですもの。私はこれから、生育歴、具体的には日常の些細な人間関係が、その人の人がらを創ると考えています。

二　生きていることへの感謝を

このごろ、蚊がとても少なくなりました。屋外では蚊に刺されることもありますけれど、蚊帳をつる家はもうありません。どの家にも網戸があり、蚊が家の中に入ってこないようにしています。蚊が少なくなると蚊を食べて生きている生き物、たとえばトンボのような生き物が生きにくくなり、トンボの数が減ります。このような考えを進めていくと、食物連鎖の考えがでてきます。多くの人たちは人間が食物連鎖の頂点にいると考えているようです。本当にそうでしょうか。

個々の能力を比べると、以前、鳥羽水族館館長の中村さんは、鯨の聴力は水中で三〇キロだと言っていましたし、ウミガメの雌雄を決めるのは卵の周りの砂の温度で二五度、だということだったり、チーターの走る速さは時速最高一一〇キロということが分かっています。人間はとても敵いませんが、その訳は分かりません。では私たちが他のどんな生き物よりも優れている能力は何かと考えた時、文字をもっていることです。後は他の生き物とは比べものにならないほど発達している知能です。

私たちも死ぬ生き物ですけれど、他の生き物の命を頂いて生きています。私たちは自分たちだけがもっている能力をもって他の生きものと共生を図っていかなければならないのではないかと思うのです。共生をはかって生きることは私たちが他の生き物の命を戴いているお礼なのだと思いますし、命を持てることの感謝だと感じています。

三　どんな人もいい人になりたいと思っている

日野原重明さんの近著には人間は生きている限り豊かになり続けるという内容のことが多くかかれています。生理学的には人間の身体的能力は一〇代の終わりから二〇代の初めにかけて頂点を極め、その後は衰退することが分かっていますし、理科系の学位所得者の年齢は（主に医学の学位ですが）二〇代から三〇代の前半くらいの間といわれています。一方、文化系の学位は五〇代が最も多いともいわれています。人間の知的能力の発達の早さにもその専攻分野によって年齢差があることが分かりますし、人間は死ぬまで豊かになり続けることも分かっています。

人間関係で悩んでいる時も、身体は前向きに動いています。身体がいつも前向きだということは心臓も呼吸も悩みとは関係なく動いていることで分かりましょう。これをロジャーズは人間有機体と呼んでいます。人間有機体はいつも前向きですから、この観点で物事を観る時、そこにあるのは価値観が入らない世界だということが分かりましょう。もしかしたらという世界は有機体にはありません。そこにあるのは事実の世界です。私たちがこの状態にいる時は、ストレスもあまり気にならなくなります。いい人になりたいという人々の理想像には、イメージの世界で考えたり感じたりすることではあっても、有機体には理非善悪、優劣の世界はないのです。

このような成長する能力は、人間だけがもっているのでしょうか。そうではないと思います。冬がきて木々の葉が散る時いちばん最後まで残っているは梢にある葉ですし、蔓バラもそのまま放っておけばいちばん先だけ花を咲かせます。以前ピグミーチンパンジーといわれていた、今はボノボという名前になっている猿も、攻撃性がないどころかおもいやりの気持ちがあり、広い意味での性行為が大好きということが分かっています。全ての生きものはその生きものに備わった独自な成長力をもっているのがこのことで分かりますね。

四　人間は知的なものよりも素晴らしいのです

京都の嵯峨嵐山に大河内山荘があります。その人、大河内伝次郎は知る人ぞ知るトーキーに入る頃の時代劇の大スターでした。彼は三〇代の後半に嵐山をひと山買いました。彼はその山をとても大切に手入れをし、彼の死後は一般に公開されています。その出口に近いところに彼の一生を綴った記念館があります。その一角に、おおよそ次のような文章を目にしました。「子役から舞台に立ってあれこれ修行をしていると大人になった時大抵の芸は甲乙なく身に付いている。でもあまり目立たない芸人になってその一生を終わる人がおる一方、上の人から認められて花形役者になる人もいる。この差は芸の力ではない。それは芸以外の僅かな差である。それは上の人が認めてくれるかどうかで、人がらの差である。」というものであったと記憶しています。

一方、石垣島の離島桟橋（今年の春に少し移動したのですが）の付近に大島信泉記念館がありました。彼はこの島の大浜部落の出身で、早稲田大学第七代の総長になった人です。この記念館の一階に彼の生涯を記録した展示室があります。その一隅に「知は一隅を照らす、徳は全土を蓋う」とあります。

片方は一世を風靡した芸人、他方は当代随一の学者、活躍した時期は重なっていますが、生活は全く異なっています。この二人の生涯を比較すると履歴には類似点はあまりありません。でもこの二人を貫いているものは知的な要素ではありません。それよりももっと基本的なもの、人がらの要素なのです。いうなれば人間の実力でしょう。

五　人間だけがその機能を自覚する能力をもっています

私たちはああやってよかったなあ、こうすればもっとよかったのになどという経験や体験からくる記憶をもっています。その記憶はそこはかとなく嬉しかったり悲しかったり、悔しかったり恥ずかしかったりする気持ちを伴っています。それで、この次はこの点に気をつけてちゃんとしよう、こんなことはするまいなどという気持ちが湧きます。私たちは同じ失敗をしたくないからです。もう少しいい人になりたいという願いに逆行するという危惧の念があるからです。私はこれを内省すると呼んでいます。私たちには五年後には、一〇年後には自分はこんな人になっていたいという願いが、あるいは到達目標があります。この気持ちは他の生きものにはありません。

この気持ちは私たちの現実の生活に希望と目標をもたらし、努力の拠り所となります。その拠り所によって私たちの社会が進歩発展してきたという事実、もっと発展していくという希望があります。

ところが、私たちの社会はいつもそううまくいきません。それは私たちに自己概念、価値観があるからです。しかも、一人ひとり異なっているのです。わりあてられた仕事やプロジェクトを遂行する時、実際は失敗するのではないかと考えると、その予想される場面でも自分のプライドやメンツを安全に保つためにあれこれいろいろ考え、沢山の手段を講じて自己保全を図ります。これが自己防衛規制（適応機制ともいわれています）の出場を招きます。具体的には合理化、補償、仮病、他人の業績にけちをつける、攻撃などなどいろいろあります。

なぜこのような理屈を言うのでしょう。それは自分が可愛いからです。あらゆる人間が自己防衛機制を使う機会をもっていて、至る所に実例がみられます。自分が今まで築き上げてきた社会的地位、財産、権力、名誉などを手放さなくて済むようにという願いがあるからです。人間の悲しい面の露呈です。でもこのことに気づかない人も多くいます。

でも一方、江戸時代にはこんな人もいました。私は、幕末、備中池田藩の破綻に瀕した財政を八年で立て直した山田方谷を思い出さずにはいられません。（彼の名は現在の伯備線の「方谷」という駅名で現存しています。）彼の信念の原理は義でした。具体的には相手が何人であれ、約束したことは必ず守ること、国の繁栄は民百姓の生活の安定から始まることなどを柱に、緻密な計画を立て、藩政を建て直してたった八年で借財の返済のみならず、五〇万両の貯蓄をしたということです。彼は成功したのでした。私は何らの適応機制などを使わずに努力し、最下層の人間を信じ、その繁栄を目標にして成功したひとりの人がらの偉大さに心からの敬意を払わずにはいられません。

私は、でてきた結果がどれほどのことであろうとも、その場に誠心誠意をもって当たることをこの人たちから学びました。それが私たちの信頼関係を築くのだと考えます。自己保全に走らず、自分の中に生まれてくる気持ちをできるだけそのまま相手に伝わるようにし、誠実に動けることこそ何より大切と思っています。

自己保全に走る人たちは、間違いなく現実の経・体験を自己の概念が安定するようにという配慮から、いろいろ理屈をつけ、新しい擬似経・体験を知的に創り、それを実際に経・体験したものと認識するでしょう。だからいつも理屈がついたり条件が付いたりしたものが自分の概念を構成するようになっていき、実際の経・体験が自己の中に座を占めるようには至らない状態になります。このような人は実生活では常に理屈が支配的になる生活が続き、大きなストレスにさいなまれることになるでしょう。哀れなことです。

六　私たちの人間関係が素晴らしい人に近づけてくれます

私たちが生まれて初めて結ぶ人間関係は母親との関係です。授乳、排泄などの世話を受けます。私たちは自分のやりたいように生きていきますけれど、両親はそれを認めてくれ、愛してくれます。やがて私たちは社会で生きていくやり方を両親から学びます。別のいい方をすれば、社会生活をするための価値観を条件付けられるといえましょう。

この条件付けられた価値は幼少年期青年期を通じて私たちの言動の基本になっています。ただ、この価値観は母親を主とする人たちからの借り物で、本来自分がもっていたものとは違いますから、いつまでもこの価値観で過ごすことはできません。友人関係その他の人間関係を通じてこの価値観を変革していかなければなりません。これが青年期にみられる第二反抗期です。私たちはこのような人間関係のなかで、取り入れた価値観を自分の実際の経験・体験を通じて拾捨選択し、本来の自分の価値体系を作っていきます。

でもその道筋は並大抵のことではない人が多いのです。うまく自分の思っているように行かない経験・体験は、悩みを運んできます。自己防衛規制を使うことも多くありますが、信頼関係が損なわれていきます。これが本来の自分に近づくための煩悶でしょう。この煩悶に知的な考えで解決しようとしても一時的な効果しかありません。悩みの根っこは本来、自分の中の情の世界にあるからです。

ところが友人のなかに、人々に好かれる人をみることがあります。彼らは本当になんの苦もなくあることを行っています。あることとは、誰にでも自分自身を示していることです。自己を語る自己を伝えるということです。これらの人たちに共通してみられることは、お世辞をいったりして本来の自分を隠し、仮面をかぶることです。

社会生活では本来の自己をそのまま伝えて生活することはとても難しいです。私たちの社会が社会的地位、役割、経済的能力、名誉などといったもので過ごさなければならなくなっているからです。でも趣味のお付き合いは違います。この世界は社会での地位関係などは要りません。趣味の世界は、俳句、詩吟、囲碁、将棋、絵画、楽器演奏、歌、散歩などの世界で目にします。もちろんこの世界でも目立ちたがり屋はいます。彼らは本来の自分でない自己を示すので、初めは人気者になりますが、やがて正体が現れ人間関係が寂しくなっていきます。

七　私たちは本来健全な選択能力をもっています

私の友人にＴＵという青年がいます。彼は今、肢体不自由児とか麻痺のある人たちの介護をしています。彼がある時〝同じことを一〇回も一〇〇回も一〇〇〇回も言わないと通じない子どもがいる〟と言ったことがあります。私はそれを聞いてこう思いました。それは通じないんじゃなくて、通じているけれど、こちらの刺激に何か不足しているものがあって、彼らが生理的に反応が生じる閾値まで高まらないのだろう。だから閾値まで高めるためには一〇回も一〇〇回も同じ話をする必要があるのだろう。彼らはどうやってその刺激に反応していったらいいか分からなかったり、まだとても閾値が高くて刺激が来ていることにも気づかなかったりしているのかも知れない。だから彼の閾値に達するまでが一〇回だったり一〇〇回だったりするんだろうな。一言でいえば、分かる人はきっと閾値のとても低い人なんだろう思うよ。しばらく経って動く人もいるんだろうね、と思います。たとえばバケツの脇に穴が開いているのを想像してみましょう。底から穴までの高さが閾値なのです。穴が開いていないのかもしれないのです。

ロジャーズがいっている〝経験に対して開かれる〟というのは、経験をすぐさま知的に解釈しないで、そのものをそのままみることだといえるでしょう。自分が経験したり体験したりすることをそのまま認識して、その認識を軸に身体が動いていくのだといえます。自分の身体の動きを自分が信じられるからです。認めるということは自分の身体の動きや感じがそのまま感じられることを自分が許している時に出てくる言葉です。身体が許すところまでいっていないのに頭が答えを出して身体を動かすと、決まって動きがぎこちなくなります。動きがぎこちなくなっているのは頭が答えを出している印で、身体には無理がついている証拠です。このような時には言葉だけの世界のでき事で身体には何も変化がありません。む

図2

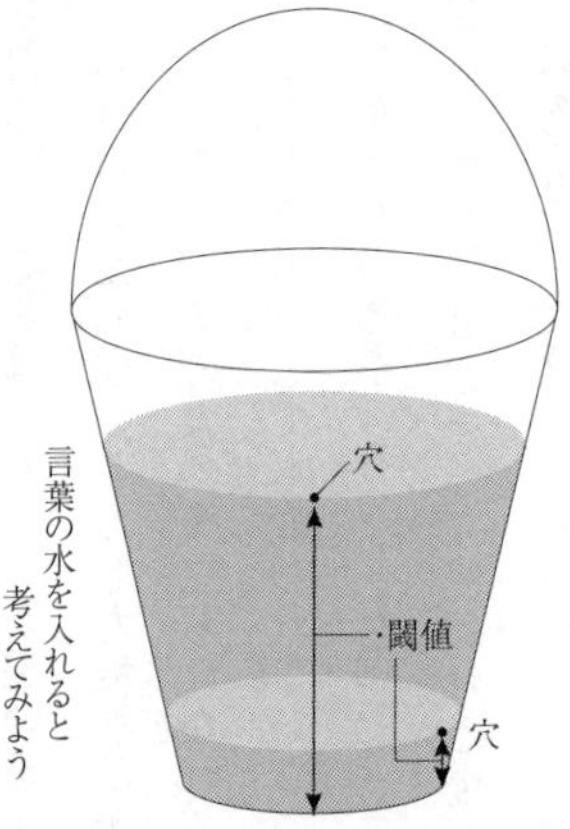

しろその状態が続くとストレスがたまります。

私たちの顔立ちは一人ひとり違います。顔立ちで人間の優劣を決めることはできません。でも、私たちは自分たちが造りだした概念的美醜で人間に序列をつけます。あの人の顔立ちがいいといったところで、その人の顔立ちになれるわけではありません。しょせん人間は努力をして変われるところと努力をしても変われないところとがあることに気づいた時、努力をしても変われないところが人間の基本にもっとも近いことに気づくことが大切になりましょう。

意識の世界で努力をして変われる場所があります。身体は栄養がつけば丸くなりますけれど、ここは努力をして変化する場所ではありません。身体はいつも今にいます。頭はもう少し待てなどと身体に命令を出しますけれど、支配できないのです。いつか新幹線のなかで下痢便を漏らしてしまった代議士さんがいましたけれど、彼はまだ大丈夫だと自分の身体に待て待てと命令を出していたのでしょう。身体の兆しはいつも今ですから、それを気にして動いていたらよかったのになあと可哀想に思いました。

身体の動きはいつも今にありますから、知的判断からくる善悪は存在しません。このことをしたいと思ったことをすることが自分の満足へ繋がりますから、その言動がその人には主観的な領域で正しいのです。身体の動きは決して善悪から出てくるものではありません。なぜなら自分の身体は自分に対していつも肯定的だからなのです。

私は肯定的な感覚や感じのベースがあって、そこから人間関係を築くといいと思っています。

私にとって、私の感覚、感じを大切にして生活することです。感じや感覚は私にとって否定的ではないからです。感覚や感じは命に直結していますし、命は現実に直接生理的な感覚や感情情緒という形になって現れるからです。

八　私たちは主体的に生きています

二〇世紀は科学が非常に発達した世紀でした。科学は人間の生活を素晴らしく、豊かにしただけではなく、客観的に数字を駆使して人間の心の動きをコントロールする傾向もありました。科学の一分野に行動科学という分野があります。そこでは人間機械論が議論され、人間の大脳はコンピューター何台分に相当する、細胞を分子計算機に当てはめると、などというような考えが存在しています。その立場は人間をあくまでも機械的、即物的に理解し、人間を物という角度からその行動をコントロールしようと意図しているのです。世界の文明国といわれる国を観ただけでも、人間を物と観ようという方向が動いているようにも思えるのです。

知的には非常に優秀な存在である人間たちが、他の人間たちを物とみていることがあります。我は人間で汝は物です。しかし、どの人もその人の責任で生きていると考える時、いかに他の人が私という人を物として扱おうとも、私はひとりの人間として自分の判断で生活を営んでいます。現在、多くの人たちは五体満足で世の中で活躍して生きています。でも、やがて他の人の世話になることは理の当然です。ただ三好春樹も述べているように、「どんな状況になったお年寄りも、ひとりの主体的存在であるということを忘れてはいけない」ということを忘れることはできません。

彼の著述の中にこんな話がありました。入れ歯が合わなくなり食事をしなくなった老婆がいました。そのことを理解した施設の職員は彼女を町の歯医者へ連れて行き、入れ歯を新調しました。でもその老婆は相変わらず食事をしないのです。おかしいと思った職員がその訳をきくと、新調した入れ歯は神棚にのっていました。もったいなくてはめて食べることができないという返事だったのです。入れ歯は科学の力でいかようにでも作れるけれど、それをどう使うかは人間が決めるのだということに気づかされたのでした。この老婆の事例は、どの人も主体的に生きているという事実でした。しょせん科学は私たちの努力が生みだしたものに過ぎません。

このように考えますと、科学で人間を変えることはできないという結論になります。科学とは人間素敵な生活を営み、それを通じて豊かな存在になっていくために利用するもので、それ以上のものではないのです。

〈引用参考文献〉

カール・ロジャース著、村上正治訳、一九七〇、『人間論』岩崎学術出版社

第二章　カウンセリングの立場

第一節　治療概念としてのカウンセリング

この概念は主にビネー・シモン、フロイト、ビアーズ、パースンズ等によって一九世紀末から二〇世紀はじめにかけて世の中の光を浴びて登場したと考えられています。そのなかでフロイトのやり方は医学の世界の一分野となって精神療法と称され、病院の精神科で治療に使われたという記録があります。治療は主に精神科の医者で対象は精神科の入院患者でした。精神療法の知識と技術を身に付けた医者以外の人間がこの治療行為をすることはできませんでした。医療行為になるというのがその理由でした。

戦後、カウンセリングがわが国に導入されるまで、フロイト以後に登場した心理治療がその事実を物語っています。これらの治療法は主として知的な領域でクライエントに接触し治療効果をあげようというものです。このやり方は治療者がどれだけその療法に通じているかでその効果が決まるといわれています。詳しくはロジャーズ著『人間性にもとづく人間観』に一つの研究結果として紹介されています。

第二節　発達・全人概念としてのカウンセリング

この立場は治療をその主体とするのではありません。どんな人でも今より少しでもいい人なりたいと願って生活していると考えます。悩みはその願いが障害物によって遮られる状態です。その障害物には生理的身体的な障碍、たとえば、脳性小児麻痺、肢体不自由児、その他の身体的障害などが含まれましょう、それらのなかには生活の遂行に大きな支障になるものもあり、また容姿などの観点から生活に影響を与えるとされるものもあるでしょう。また、心の状態の異常も考えなければなりません。これは身体的に異常があまりはっきりと表れないので判断が難しいといわれます。一方、生育歴によって生ずるものもあります。俗に性格異常といわれるものも含まれましょう。

生理的身体的な障害で出生時にその萌芽のあるものはさておき、医学でも治療の成功率が非常に少なく、あまり効果的な結果をもたらしえないものです。これらの人たちに対しては心理的治療がなされましょう。私はこの心理的治療はカウンセリングの一分野と思っています。

ここで使われるのはロジャーズがいっているように、心理療法は援助関係だという原理です（サイコセラピイの過程：一九四〇）。相手の人の示す状態によってさまざまな時間的内容的経過がありますが、少数の人をのぞいてたいていの人はその人なりの改善の経過をたどると思われます。後ほど触れますが、価値判断を抜いて現実を見、そこから発達の原点を探るというやり方です。

症状に着目していても、症状にとらわれずにその人全体の状態に着目し、症状の除去の時期もあるけれども、次第に微かにでているその人の成長力をより大きくするような人間関係が要求されるでしょう。関係の質は変わりますが、新しい自己発見の人間関係が継続します。

カウンセリングの世界ではいま、専門的な知識や技術、理論はあまりなくても、実際の人間関係を豊かにしていくコツを身に付けた人たちが沢山活躍しています。私はこれらの人の実力にとても敬意を払っています。それらの人たちは、学校のカウンセラー、生活指導や生徒指導の教師、養護教諭、さらにカウンセリングの素養を身に付けた社会教育機関、組織のなかで活躍している人たち、医療福祉関係に携わっている人、家庭の主婦など、数え上げるときりがありません。

これらの人たちはどんな目標をもって活躍しているのでしょう。多くの人たちは、人間関係の促進・創造をあげます。その証拠に、悩みや問題をもった人たちは以前よりもずっと気軽にこれらの人たちのところへおもむき、その人たちの能力を活用し始めているように思えます。

カウンセリングは人間関係の促進や創造に貢献しています。それはとりも直さず人間のもっている成長力の解放なのです。治療だけに専念している人たちからみたらこの動きは目を見張るようなものに違いないと思います。

このようなきっかけを作ったのは、カウンセリングとセラピーとを区別しない立場を貫いたカール・ロジャーズで、彼の唱える来談者中心療法でした。彼は、人間は誰でも成長し立派に豊かになる資質をもっていて、毎日の生活はそこへ向かうものだと考えていました。

問題が出てくるのは、その力がなんらかの障碍によって遮られたためで、誰かが傍にいて問題に悩んでいるその人に心から耳を傾けてきくことによって、その人は再び自分の力で前進していけるようになると考えました。これを故飯塚銀次は「成長力の解放」と呼んでいます。

成長力の解放を目指して行われる援助的人間関係をもつのがこの発達的観点に立つカウンセリ

ングの特色であり、この考えは徐々に世界的に受け容れられていて、カウンセリングの概念の拡大に大きな役割を役割を果たしていますし、現在のカウンセリングは、すでにこちらの方にその中心を置いているように思えます。

もちろん、治療的な観点に立った接触は今も必要です。これをセラピーといってもいいでしょうが、私はこの立場も発達的観点に含めています。入院していても通院していても、いえ、刻々と近づいている人生の週末を実感している人でさえ、人々は、全て早くこの状態から抜け出して、もっといい人になりたい、自分の人生を全うさせたいと思っているからですし、その願いは全ての人に共通だと思えるからです。

第三節　カウンセリングの種類

すでに申しましたが、カウンセリングをどのように観るかによって、それなりのカウンセリングのやり方が出てきます。それらのいくつかを挙げますと、

A　精神分析的カウンセリング
B　行動論的カウンセリング
C　交流分析的カウンセリング
D　来談者中心的カウンセリング
E　折衷的カウンセリング

F　論理療法

G　その他のカウンセリング

なぜこのようにいろいろなやり方があるのでしょう。それは、人間という存在があまりにも複雑で、一つのやり方だけでは理解が十分にできないからです。これらのやり方はさまざまなのですが、一つだけ共通しているものがあります。話し手と聴き手とがいることです。

話し手を今ここで仮に患者・クライエントと呼ぶとしましょう。聴き手はセラピスト・カウンセラーになります。これらいろいろなカウンセリングには必ず異なるところがあります。それは目的です。前述した通り、あるやり方は問題行動の矯正にあり、あるいは問題行動で悩んでいる人にあります。またあるやり方はその人の人がらを豊かにすることにあります。クライエントに接する仕方にも二通りあります。それは知的に接するか情的に接するかです。

カウンセリングはこのようにクライエントとカウンセラーとが関わっているのですが、二人で創り出す人間関係の質がこの上なくたいせつになるのは当たり前のことです。ここから人間を観ているのがカウンセリングといわれるものです。

〈引用参考文献〉
カール・ロジャース著、一九七三、『人間探求と創造性の開発』高陵社書店

第三章　カウンセリングの契機

第一節　カウンセリングが必要になったわけ

私はこんなことを考えています。現在、若者だけでなく、いろいろな年齢層の人たちの、問題行動が指摘され、在るべき姿が説かれています。それは、わが国が世界で最も文化程度の進んだ国として知られるようになったことと無縁ではありません。現在わが国を覆っているかに見える物質万能主義と、その見返りである精神性の低下や人間性の欠如がその実質を示しているということなのです。

社会は、記憶力中心の知識や、技術の獲得に最高の価値を置いているかのような印象を人々に与え、人々はそのために狂奔し、知識や技術が豊かにいきていくために必要な手段であることを忘れがちになりました。また一方、知識の獲得に狂奔してきた人たちが、首尾よく知識や技術を手にいれた時、それらが本当に豊かな人がらを運んできてくれないことに気づきはじめてもいるようです。物が豊かでも、それは豊かになるための手段であって、本質ではないからです。それは、実生活のとても小さな事柄に端を発するようです。

カウンセリングに求められているものは、第一章で述べた資質が必要だからだと思います。これはとりも直さず私たちすべてがほんとうに豊かな人がらのもち主になりたいと思っているからでしょう。カウンセリングはここに奉仕できるもののようです。

第二節　悩　み

「私はこうならなければならない」、「私はこうすべきだ」などというように物事を考える時、自分が生き生きと生活をしていたりすると、これはなんの苦もなく処理されてしまい、記憶にも残りません。けれども、知的な動きが起きると理屈をつけて処理を延ばします。延ばしたことは気にかかります。時間が経つにつれて、それは、次第に大きなものになっていき、挙げ句のはてには、日常生活も影響を受けるようになります。理屈をつければつけるほど、自分の中にイライラが溜り、自分のあるべき姿と比べて、今の自分のありさまが不平不満に覆われていくようになると、これが悩みとして感じられるようになります。

第一項　悩みの種類

一　対物的な悩み

悩みの対象に対して、知的・技術的に努力をすることによって解決ができるものです。この種類の悩みは自分の中に答えがなくても努力によって満足できます。すでに他の人によって類似の解決法ができ上がっており、それを自分の悩みに応用して満足できることがあるものです。すなわち、答えはすでにどこかにあって、それを自分が見つければいいのです。

二　対人的な悩み

この悩みは知的に対処しても、根本の解決にはなりません。答えは自分の中にも相手の中にもあり、どちらが正しいというよりも、それらをどのように調和させるかが大問題だからです。これは、相互の歩み寄りが何より大切で、調和をすることによって、それぞれに満足が訪れます。

人間本来の悩みは、対人的な悩みです。それは「いかに生きるか」という人間のもっている宿命に直結しています。問題の解決が必ずつけ加わっていますが、同時に問題解決を通していかに生きるかに到達しようとするものです。カウンセリングは人間関係の悩みに直接関わっていますから、カウンセリング自体が難しく考えられていますけれど、その目的は悩みの解決を通じていかに生きるかにあります。

第二項　悩みの特性

一　悩みがもっている力

対人的なものが根底にある悩みは、人間関係から生まれてくるものですから私たちが生きている間はなくなりません。この悩みは、人間関係をどのように営んでいくかによって軽減されたり深刻になったりしますから、悩みをみる見方や感じ方が鍵になります。

私たちは今よりもっといい人間になりたいと思っています。現在の自己を一〇〇パーセント否定しないまでも、今よりもっとという言葉の中に現在の自己を否定する要素がはいっています。でも、現在の自己を否定したらもうすこしよい存在になれるでしょうか。

記述したとおり、われわれは自己を否定するということは生産的でなく、なんの得にもならないことを知っています。自己は肯定したほうがずっといい結果を生みます。ですから今の自己を大切にし、どのように自己に肯定的に接すればいいかということが焦点になってきます。

近藤千恵さんの話の中に出てくる六五歳のKさんの例を述べてみましょう。

「多忙にまぎれて庭の雑草が茂っても、除草することもできず、家内も病気で仕事ができず困っていたころ、嫁が手伝いに来てくれました。

嫁　お母さんが寝ていらっしゃると聞いたし、お父さんも忙しいのに大へんだろうと思って

私　でも、あんたも疲れているのに、一時間もかけて来てくれて大へんだっただろう。私は庭の草をとるから、家の中を頼むよ。

嫁　じゃ、私も庭を手伝ってから家の中をするわ（庭の掃除を済ませ、掃除、洗濯を、大車輪で片づけてしまう）。

私　やあ、正直のところ、家の中は片付かないし、庭の草は伸び放題になるし、困っていたんだが、あんたがきてくれて、見違えるようになって、本当にさっぱりして、とても良い気持だよ。どうもありがとう。

嫁　そんなに礼を言われたらテレてしまうわ。あたり前のことなんだもの。今度からも、何かあったら、遠慮なんかしないで言ってちょうだいね。すぐ飛んでくるから。

普段口の重い私が率直に嬉しさを表現したところ、嫁がそれを素直に受けて喜んでくれて、何か、人間関係までが、急に親密さを増したように感じられました。」

私はこのKさんから、〝嬉しさを率直に伝えることは、自己に肯定的に接している時だから、自分の肯定的な心どのように素直に相手に伝えるかによって、その時の自分がハッキリした姿を現わすし、そこにはすでに悩みはなくて人間関係も促進していくのだ〟と感じます。このように、悩みの本質は、肯定的な方向で自分を表現できた時に自分に嬉しさや楽しさを運んできます。肯定的に自分を見ると人間関係も促進されやすいことから、自分が大切だと思うことと、悩むことで豊かになろうとしていることが私たちの成長力を刺激し、促進するものだということが分かります。要は悩みにどのように接するかが鍵なのです。

二　考えるほど悩みは深刻になる

対人関係から出てくる悩みを知的に処理しようと努める時に働くのが概念ですから、成長力と概念との関係を考える必要があります。

概念が活躍するためには前提条件があります。それは体がスムーズに動いていて、無理がないことです。体がスムーズに動いている時には、感情・情緒が安定しています。悩みは、「こうあるべき」というかたちで物事が動いていないために起こるので、心はイライラしていて落ちつかず、情緒的に不安定です。このような状態では概念はその特性を十分に生かすことができません。

概念はこうあるべきという方に深く結びついているので、知的になればなるほど、概念は体の状況とは関係なく「べき」方へ動こうとします。「べき」は対象が物事に限られている時にはとても効果を発揮しますけれど、人間関係まで概念を優先させてしまうと、人間をお互いに比較させ、勝ち負けの世界を作り出し、心を休ませないようにしてしまいます。

概念は具体的には知識や技術の量と質でその優劣を表しますが、それを使って物の世界で豊かになっても、心が貧しくなる危険性をもっていることが理解できましょう。悩みは情緒を基盤にして生じてくるので、どんなに知的に考えて、答えを出しても、そのとおりに体が動かなければ、ますます知的なあり方を基準にして、わが身を責めるでしょうし、その繰り返しでは、問題は深刻にはなっても、解決からは遠のきます。これが人間関係を主とする問題を何とか知的に解決しようとして、特に知的に考えがちな人のとるやり方です。

三　悩みへの対処

主に対人的な悩みですが、一人でなんとかしようとして、あれこれ考えても、すでに申しあげたように、うまい解決方法は見つかりません。書物の記述に同意して、解決方法を、サテとやってみても、どうもうまくいきません。だんだん知らないうちに、笑顔とは関係のない顔をしている自分になります。他人に指摘されても、その他人を見て、自分の気持ちを偽って伝えてしまいますし、結果として、ますます気が重くなってしまうでしょう。とうとう、誰かにこの気持を伝えて理解してもらい、気持ちを晴れやかにしたくなり、特定の人を訪れます。カウンセリングが始まるのです。

〈引用・参考文献〉

近藤千恵、一九八八、『自分を生かす可能性を求めて』、「おやぎょう」親業訓練協会、No. 三三

Barrett-Lennard. G. T. Ph. D., 1987, The Ceshur Connection (Carl Rogers Memorial Issue), The Center for Studies in Human Relation

第四章　来談者中心カウンセリング

来談者中心カウンセリングは、カウンセリング活動を通じてクライエントが彼／彼女の人間性をより豊かにし、その理想的な人間像に接近してゆくことを援助するものです。クライエントが来談する時、当初は問題も解決目標になりますが、終了の頃にはどのように生きるかが問題になり、はじめの問題はすでに問題にはなっていないのが特徴です。来談者中心カウンセリングの目的は、ここへ向かってクライエントが動いていく過程を、カウンセラーもともに歩を運びながらともに味わう過程です。ゆえに実際のカウンセリングは、クライエントの考えている理想的人間像へ向かってのアプローチの過程と考えられますし、具体的には援助関係という形をとります。ブラマーとショストロムもこれについて詳しい書物を出していますし、ロジャーズも「援助関係の特徴」という題目の論文を発表しています。

また同時にターミナルケアの下にある人たち、ないしは特養ホームに収容されている人たちが豊かにその一生を終えるように援助をするものでもあります。この場合は就床している人たちの抱えている「いかに死を迎えるか」、死を迎えるまでどのように豊かに生きるかが問題になります。ここではその人と私たち（カウンセラーと呼んでいいかもしれません）とが時間と空間を共有することによって、目的の実現にとり組んでいくのですから、最も厳粛な人間関係ですが、究極的に双方が救われるように思われます。

第一節　来談者中心カウンセラーの基本条件

来談者中心の立場でクライエントに接しているカウンセラーが何よりも大切にしているものがあります。

第一項　基本的構え

一　人間観

私は、糸賀一雄が書いた『福祉の思想』という題の書物の中のあちらこちらにある表現が彼の人間観を語っているように思えます。たとえば「この世の役に立ちそうもない重度の子どもたちも、ひとりひとりかけがえのない生命をもっている存在であって、この子の生命は本当に大切なものだということであった。人間という抽象的な概念でなく、この子という生きた生命、個性のあるこの子の生きる姿の中に共感や共鳴を感ずる。」や「この子らは、どんなに重い障害をもっていても、誰と取り替えることもできない個性的な自己実現をしているものなのである。人間とうまれて、そのひとなりの人間となっていくのである。その自己実現こそが創造であり、生産である。」に彼の人間観を見ます。このように、誰にも人間観があります。カウンセラーにとって何より大切、私が第一番に取り上げるのが人間観です。

人間観に二種類あるとすれば、クライエントという人間も、カウンセラーという人間も人間としては同じであり、理性、知性、感性などすべてを共通にもっており、そのような存在として生きているものと見るか、あるいは、クライエントはカウンセラーとは違った人種で、カウンセリングの場面ではクライエントは研究対象であり材料であるから、物と同じに考えても差し支えないほど違っていると見るかの違いになるといえましょう。

糸賀一雄は、前者の立場に立つ人間観をもっています。これは来談者中心の立場でカウンセリングを行っている人の人間観とまったく同じです。すなわち、来談者中心カウンセリングを行っている人たちは、人間はすべて同じで信頼できる存在とみています。もちろんクライエントも同じです。これがこのやり方の大前提です。クライエントはカウンセラーと同じに信頼に値する人間であるという大前提に立ってカウンセリングを行っているのです。それは他のカウンセリングのやり方とは違った何よりの特徴です。

二　成長力の信頼

カウンセラー養成講座がひととおり終わった時、ある主婦の方が提出してくれた感想文の中に「このカウンセリングのやり方を学んで、自分の成長が一番感じられます。他人を直す、他人のために役立つよりも、このやり方は、どうも自分が成長していくためのナニカではないかと思うのです。学習することによって、自分のありのままの気持が、意識ができることがあるのです。そういうものが自分にもうひとつ、豊かさを運んでくれるように思えるのです。気づいてみたら自分が少し豊かになっていたのです。主人への接し方も、三歳半の子どもへの接し方も、知らないうちに変わっていたようなのです。そんなところに、このやり方を勉強する張り合いがあるのです。」というものがありました。

私の周囲のことですけれど、カウンセリングの知識を身につけたい、技術を習得したいと思って、学習をはじめる人が多いのですが、学習が進んでいくうちに、その人たちはおのずと、知識や技術以前にその人自身の知覚の仕方や、物の見方、人間への接し方といったものがあり（その人そのものの表現です）これを抜いて知識も技術も存在しないことに気づいていきます。これこそ、例示したこのお母さんが知らず知らずのうちに成長しつつある姿です。彼女はこの現象が好きで、またそれを信じていました。

前章でも触れましたが、私は〝来談者中心のカウンセラーは、すべての人間にはその人固有の成長力がある〟と見ています。その究極の姿はその人の理想的人間像です。これはその人独自のもので絶対に他の人と比較することができないし、すべての人はその理想像へ向かって毎日毎日努力をしています。その人の努力を信頼してカウンセリング場面に臨むと置き換えることもできるでしょう。

クライエントという人はこの成長力がなんらかの具合によって阻害されている状態にある人ということもできます。ですから、カウンセラーはクライエントがその阻害されている状態を自らの力を振るって脱却していく過程を一緒に歩んで、援助するという働きができるのです。それを成長力を解放するといいます。

第二項　実際場面での展開

一　感情に着目

悩んでいる人は誰でも、自分で悩みを考えて、そこから脱却すべく知的に答えを生み出し、そこへ到達しようとして努力をします。それでうまくいけばいいのですが、前述のように知的に努力しても消えない悩みが出てくるので、その悩みは感情・情緒・身体感覚などの所に悩みのもとがあることがわかります。クライエントはこのようになっているので、カウンセラーがいくら知的なところに上手に応答しても、それらは大抵クライエントがすでに何回も何回もチャレンジした中味であるかもしれません。何よりもカウンセラーがクライエントの語った概念の所に着目している時には、今目の前にいて苦しみ悩んでいるクライエントの心には、目が向いていないという事実があるので、せっかくカウンセラーを頼ってやってきたクライエントの心は満足しません。

失恋した時そばにいて、あれこれ考えてくれ、知的に答えを出してくれる人がいても、失恋したその人の中にあるどうしようもない悩みや気持ち、目の前が真っ暗になり、世間が灰色に見え、世の中の人がみんな自分と違って幸せそうに映る気持ちは、どうすることもできません。このところで悩んでいる人には、その人の心、心情とか感情とかに焦点を合わせてつき進んでいくのが何よりも必要なことだと分かります。

たとえば、以前の事例ですが、Iというある大学の四年生がいました。彼女は常に自信がなく、自分のことを皆から一歩も二歩も遅れて人生を歩いている落伍者だと思っていました。彼女がこのようになったのは、小学校の五年の頃に先生に叱られたのが原因だということでした。それまでは活発だったのに、その日を境にして、内気で決断力のない子どもに変わったのだそうです。大学に入ってもこの傾向は続きました。彼女は下宿の部屋の壁におおきく「もっと積極的に活発に動こう」とスローガンを貼ったのですが駄目でした。彼女は東京にいたたまれなくなって、自分の勇気を試すために一人で旅行に出かけました。思いのほか長い旅行になったのですが、学校へ帰りたくはなかったと言います。三年生になって、それぞれの学生が研究室に入ったので、つられて行き当たりばったりの研究室に飛び込んだ彼女は、それから大きな後悔にさいなまれる毎日を送ることになってしまいました。

大学四年の七月に、とうとうその毎日に耐えきれなくなって、彼女はなんの気なしに中・高校と六年間机を並べて学んだ友人に電話をしたのです。電話口に出た友人が「とっても長い間、あなたは苦しんでいたのねぇ。今も続いているのねぇ。」と言ってくれた時、彼女は「私は救われた！」と感じたとのことです。彼女は心から信じられる友を、知り合ってから一〇年目で見つけたのでした。彼女は少しずつ自信を取り戻しました。

卒業論文は、一つの検体を何人もの学生が扱って書くことになっていました。ところが、その年の一〇月に吹いた季節外れの台風の日に、彼女はタクシーにはねられて入院してしまったのです。「もう卒業論文も駄目。卒業も就職も駄目」と諦めていた彼女の枕元に一年後輩の学生が見舞いにきて、彼女の卒業論文作成のための実験は他の学生が代ってやり、すべて順調にいっていることや、その友人たちが「彼女はさぞ辛かろう。見舞いに行くより彼女の気にしている実験をやっておいてあげよう」ということで、見舞いには後輩が代理できたことを知らされた時、彼女は、友人たちの温かさと、自分が友人たちにとても大切にされている事実を深く感じたのでした。

退院してから再び相談室を訪れた彼女は、就職が決定したことを告げ、「一番心配してくれた母が、真っ先に〝良かったね〟といってくれた」とニコニコして語り「この学校にきてよかった」と何回も繰り返し、さらに「こうしようと思うと身体がすっと動くんです。そして、何だかしらないけれどみんなうまくいってるんです。とても不思議です。以前はこうなりたくて、あれこれ考えていて、ちっともできなかったのに」と言って面接を終了しました。

私は中・高校時代の友人が思わず知らず言った言葉が、まさに彼女の気持ちの中心へすーっと入ったのだと信じることができますし、次から次へと彼女の内面が揺れ動き、彼女の母親の一言が届いて、長年の彼女の悩みがなくなったのだと思っています。

この事例から、「私たちは、他人に心から温かく接してもらい、気持ちの所に着目されそれを受けいれてもらうと、自然に落ち着きを取り戻し資質を開花させていくのだ。」といえると思います。

二　人間の全体に着目

私たちがよその人を見る時に、その人の特定の部分に目を止めがちです。たとえば、髪の毛、顔かたち、首筋、肩、手、腹、尻、足などの部分です。そういう特定の部分に目を止めますと、その部分はある感じをもって伝わってくるけれども、その人の全体のイメージは沸き上がってはきません。人間は全体としてまとまっているので、その人の全体像は部分を見ただけでは感じられず、まとまった人間としてのイメージも浮かんでこないのです。

問題行動もまったく同じです。たとえば、私の家の近くにF代さんというお嬢さんがいます。彼女は三歳の時から私の家へピアノを習いにきています。今は大学の三年生でとても素晴らしいお嬢さんですが、彼女が悩んだことを話してみましょう。

彼女はとてもピアノが大好きで、始めたばかりの頃は、毎週曲が進むというほどでした。ところが一年生になった年の一〇月からほとんど練習をしてこなくなりました。曲も進みません。そうこうしているうちに五年生になってしまいました。

その年の一一月の半ばにF代のお母さんがお見えになりました。彼女の用件は、F代がピアノを練習しないで何年も過ぎたお詫びと、今後ともよろしくというものでした。

話の内容は、「F代が小学校一年の一〇月の半ばからお寝しょを始めたこと。父と母（私）は、何とかしてお寝しょを直そうと頑張ったこと。（夕方から水を飲んだら駄目、夜のお味噌汁も飲まない、歯みがきをしても絶対にうがいの水は飲まないことを約束させたりもした）でも駄目であったこと。医者へ連れていきお寝しょの薬をもらったことも、漢方薬を買ってきて飲ませたこともあったこと。これも駄目であったこと。F代は母に似て体格も大きいので、お寝しょの量も目立って多くなってくるし、たまりかねた母はお寝しょパットを買ってきたけれど、それも間もなく役に立たなくなってしまったこと。父と母は、考えられるあらゆる努力をしたのだが、とうとうF代が五年生の一〇月のある夜、二人は深刻な気持ちで話し合ったこと、内容は（F代のお寝しょはもう直らない、お寝しょはあの子の性格のようなものだし、直そうとしても無理なことだから諦めよう）というものであったこと。重苦しい沈黙のあと、父が『でも、あの子はうちのたった一人の娘だから、今度は娘のF代として見よう。お寝しょとあの子はくっついているのだし、そこで見てててももう直らないのだから。』と言ったこと。もうどんなに水を飲んでもいい、どんなにお寝しょをしてもいいことにしたのです。

一一月一〇日を過ぎる頃から、お寝しょのない日が出てきたこと。母はハッと思ったこと。『そういえばあのピアノの先生にはずっと長い間ご迷惑のかけっぱなしだった。お詫びかたがたお願いに行ってきましょう。』ということ」でした。F代はその年の一二月にはとても良くなり、六年生になる時には、もうお寝しょとは縁が切れていました（これは家内からの聞き書きです）。どうしてお寝しょを直そうとして努力をしている間じゅうお寝しょが直らずにいて、直すのを諦めたら良くなったのでしょう。

本当に悩んでいたのは、お寝しょで苦しんでいるF代さんでした。母と父にはその悩みは見えずに、お寝しょだけが見えたのでした。お母さんとお父さんにとっては、お寝しょは問題行動でした。当然二人の関心はそこに集まります。でも、そこに焦点をあてている間じゅう、その問題行動は直らなかったのです。問題行動の向こうにいて、それで苦しんでいるF代さんが見えなかったからです。

人間が見えなくては、しょせん解決策は表面的にならざるを得ませんし、その問題行動をとおしてしかその子が見えない両親には、どうしてその子がそんなになったのかや、どれだけその子がほんとに困っているのかが分りません。しかしこのお二人の偉いところは夜の会話に表れています。問題行動という一つの面からF代さんを見る代わりに、F代さんの良いところを見ようとしたことがそれです。F代さんは朝から晩まで問題行動をしているわけではありません。問題行動はその彼女の一つの面なのです。それに何気なく気づいた両親は、自分たちの子どもを全体として見て受け入れるようになっていったのでした。F代さんのお寝しょは彼女の涙だったのではないかと思われて仕方がありません。

F代さんの両親はカウンセリングとは無縁です。なんの知識もありません。けれども行動はカウンセリングの基本をきちんと身につけたものでした。つまり、問題行動の向こうにその人がいるということに気づいたといえるものです。問題行動はそのものよりも問題行動で悩んでいる人間全体に焦点をあてたことなのです。私たちはもし自分が全体として相手に受け入れられ認められている時には、そのように配慮をしてくれる人を他の人とは別の存在として認め、心を許していく傾向があります、そうすることによって自信も蘇り、素晴らしい人格のもち主になっていくと思えるのです。

三　現在に着目

私たちの過去は私たちが通ってきた道筋です。そこにあるのは履歴書の一頁ともいわれる事実です。一方、未来はまだやってこないから、それは今ここにあるものではありません。くよくよとこだわる時は私たちの心は過去に向き、取り越し苦労をする時は未来へ向いています。あるべき姿から現在の自己を見るのも、取り越し苦労と同じ原理です。このこだわりと取り越し苦労に共通しているのは、現在を重視していないので現在が薄くなっているということです。私たちが何かを判断したり、結論を出したり、選択をしたりする時点は現在ですし、しかも、現在には選択肢が必ず二つあります。私たちはいつも現在に生きてるから、これをもっとも大切にしていきましょう。

F代さんの例でも分かるように、初めの頃の両親は、F代さんを決めつけてみていたようです。そして「これはF代のためなのだ」と信じていたに違いありません。だから、この子は駄目な子と思っても、それが相手を決めつけているなどとは思ってもみないでしょう。むしろ「こんなにこの子のことを思っているのだから、おねしょは直って当然」と身勝手に結論付けていたでしょう。この時、判断の基盤は目の前の相手から離れて相手の過去の事象に映っています。その時私たちは知らず知らずに過去に起こった事実を基礎にして現在を結論づけています。過去に起こったことは相手の生育史のひとこまで、動かせない事実の積み重ねですから、過去に基づいていわれることにはちっとも反論できません。そのためにF代さんのように私たちはだんだんと心の扉を閉ざしてしまいます。

しかも、そういう時は決まって、私たちの心の動きは相手の悪いところを指摘する方に向きがちです。他人から自分の欠点を指摘されて喜ぶ人はいません。それが、本人には批判や非難にきこえるからです。私たちの必死の努力も、相手の人が拒否してしまえば駄目です。あるべき姿や過去を基準に相手を見ているかにほかなりません。

クライエントが悩んでいる時は、彼の心の動きは現在にゆったりと座を占めてはいません。ほとんどの場合彼の心は答えを求めて激しく揺れ、しかも過去を向いています。このような心の動きがある間は問題の解決には至らないのですから、そこから脱して現在に居を構えるように援助するということが大切になってきます。

彼の悩みの内容ではなく彼の悩みそのものに目を向けてみましょう。悩みはいつも、現在にあるからなのです。彼も現在に生きています。彼がどちらを向いていようとも、彼は現在にいるから、そこを大切にしましょう。現在こそが、選択肢をもっていますし、これが積み重なって、可能性が開花していくのです。

第二節　来談者中心カウンセラーに要求される態度条件

ロジャーズはクライエントの発達が十分に起きるために必要なカウンセラーの側の条件を述べています。それらは、

（一）　カウンセラーはクライエントとの関係の中で、純粋であり、統合されていること

（二）　カウンセラーはクライエントに対して、無条件の肯定的配慮を経験していること

（三）　カウンセラーは、クライエントとの関係の中で、自分自身の中に体験される実態を素直に受け止め、それを正確に言語化してクライエントに伝達できることです。

これらについて、以下私の受けとったことを記述してまいりましょう。

第一項　カウンセラーの純粋性

純粋性は、別に表現すれば自己一致ともいいます。書物では難しい説明がついてよく分からないこともありますが、具体的に分かりやすくいえばどうなるでしょう。それはカウンセラーが面接の場面でありのままの存在であり、作為がなく、真実そのものであることです。この、ありのままで真実であるとは、ロジャーズによると十分に経験に開かれている存在、防衛が何もない状態の存在であることになっていますけれど、この説明でもまだまだ難しいと思いますから、一般の事柄を例に引いてこれをみてみましょう。

自動車の運転免許とりたての人によくみられるのですが、動き出す時や止まる時にがくがくとなることがあります。まるで鞭打ちの練習のようになるのです。一方、とてもスムーズで、いつ動きだしたかいつブレーキを踏んだか分からないほどの人もいます。この人はきっと運転をしている時に、目、手、足、などの動きがとても円滑に協調作業をしていて、全体としてそれらが一つのまとまりのある動きを作り上げているのでしょう。私はそれを自己一致の状態にあると呼びます。その人は運転をしている時には、運転のことだけに純粋になっているからでしょう。知らないうちにありのままになっているのです。このようにこの性質は、日常生活の中にその基礎をもっています。スポーツ選手のある瞬間の動きも同じだし、家事仕事のあれこれについてもたくさん見られます。それは心にも身体にも無理のない状態なのです。

カウンセリングに臨むカウンセラーについても同じです。あまり知らないクライエントという人が目の前に現れた時、カウンセラーにできることはその人を間違いなく感じとろうとすることで（理解しようとするといっても良いでしょうが、感じ取るほうがより正確です）、そのためには、こちら側にあれこれの思いがあったのではうまくありません。誤りなく感じ取るために、まずきいてみましょう。どこも緊張していないで、ただきくために、ゆったりと相手に向かっていけばきくことができますし、その人がそのまま伝わってきます。あれこれ考える時は、体か心かどこかに無理があるからですし、この無理があると純粋にはなれません。

第二項　カウンセラーの無条件の肯定的配慮

相手の話をゆったりした気持ちで終わりまでただただ全身できいている時、余分なことを感じたりせずにきいている時、その人がとても好ましい人に見えたり、その人が特別の人に感じられたりします。その人のことを、きちんと、感じ取りたいと思えば思うほど、その人の話を終わりまできいてみようと思うもので、これは理屈ぬきのことです。相手も自分と同じようにいい人になりたくて困っているのだと思うと、その人が自分と同じ存在であると感じられるようになっていきます。

そうすると、その人の話がたとえ支離滅裂であろうとも、その人が取り乱していようとも、その人の怒りも、喜びも、悲しみも、すべてその人が現すものを、その人そのものの表現であるとして大切にきいていけるようになります。無条件というのはこのようなことで、理屈ぬきということです。肯定的配慮というのは、温かい心遣いをするということですから、カウンセラーが心を開いてクライエントを思いやり、温かく、ただきき進んでいけばいいというのが無条件の肯定的配慮の意味です。

第三項　共感的理解（感情移入的理解）

これは、前項の無条件の肯定的配慮と対をなしているものです。相手の話をただひたすらにきいていくと、ある反応がこちらの心に起こってきます。それはクライエントの話を通して彼自身へ耳を傾けているから起こるものと考えられます。私たちは、知らないうちにクライエントに反応しているのです。この反応は体の反応で、落語をきいて笑っている時、もらい泣きをしている時などは体の反応だと考えていいでしょう。このような反応はスポーツの観戦に熱中している人たちにも見られます。たとえば、私のようにスキーの回転競技をテレビで観ているうちに、尻や腰それに腕や足までが、選手の一挙手一投足に合わせて動いていることを実感した人は多いでしょう。このように、体の動きがこの理解の基になっているのです。

ところが、共感的理解はこのような形では説明し尽くせません。同情との違いを述べておかなければいけないからです。落語をきいて笑っている時も、もらい泣きをしている時も、自然に体が動いてその状態になるのですが、そこに自分の判断が入ってくると話がややこしくなります。同情的理解は、温かい思いが湧いてきた時に自分の判断が基本になって出てきて、それが言葉に置き換えられたもので、相手になったように思い込むことはできても、相手になれないという状態に気がつかない時、自分の価値判断でその場面や状態に結論を出してしまいます。

では、共感的理解はどうなのでしょうか。「相手の内面の世界を、その人になったように感じ、そして自分を失わないこと」とロジャーズは彼の著書の中で述べています。共感的理解とは、相手の言葉から感じられる気持ち、たとえば、怒り、悲しみ、恐れ、喜び、混乱、当惑などなどの気持ちをそのまま感じ取り（もちろん、クライエントの中で続いている気持ちの流れ、つまり時間の重さを合わせて感じ取ることが何より大切です）、その感じの中に自分の感じを混ぜたり影響されたりしないことです。それだけなのです。自分の感じを混ぜないことというのは、自分の判断も混ぜないし、疑いの気持ちや不安などで自分に色をつけないことで、ただきいたとおりに感じ、ついていけばよいことを示しています。このような理解の仕方を共感的理解といいます。これは次のように二通りに分かれると考えます。

一 体験的応答

いつの頃か、私は体験的応答という表現を使いはじめました。それは次のようなことがあったからでした。話をきいている時、私たちはつい、首を縦に振って「はい」「ええ」「うん」などの言葉を言います。これらの言葉は相づちで、思わず知らずに出てくるもので、けっしてここで言おうと思って出てきたり、言ったりするものではありません。ただの相づちで、体が生み出してくれるものです。きいている人の体の状態その人の存在の仕方といってもいいでしょう。私はこの表現を「身体言語」と呼んでいます。それは私たちが「うん」と言う時、ここで言うぞなどと意識して言っているわけではないからです。そしてこの「うん」は、相手の人に「この人は私の話をきちん時いていてくれる」という実感をもたらします。これがとても大切なのです。しかも、きき手がこのようにきいていると、なんとなく相手の人が自分の身近に感じられるように思え、「うん」の反応がますます熱を帯びていきます。それは、「うん」がこの二人を肯定的な印象で相互に結びつけていく働きをしているからです。

私はこの動きが体験的応答といわれるもので、これは後述する体験過程からの表現なのだと思っています。体験的応答は私たちの芯から直接に何の抵抗もなく出てくる言語表現で、知的な領域を通過しているという意識を私たちに与えるものではありません。この応答はもちろん無条件に相手の心の芯に飛び込んでいきます。

二　自己表現

自己表現は自己表明ともいいます。その最大の役目は自分の状況を相手に正確に伝えることによって相互の人間関係を豊かにすることにあります。つまり自己を語ることで、この情況は二つの表現方法によってなされると思われます。

a　体験過程そのままの言語化

b　aに引き続いて現れてきた自分の状況の言語化

です。aはその瞬間にスッと自分の体の奥底から現れてくるものです。bはそれに引き続いて現れるもので、その置かれている状況を伝えることが役目になっています。

カウンセラーが、クライエントの話をきいて、ちゃんとその状況に応じて自己を表現したと思っていても、その時の自己の状況がきちんと表現されて相手に伝わっていなければ、その時の自己表現は自分の一人よがりで、ほんとうに自己表現の役目を果しているとはいえません。

自己表現はあたかも相手になったかのような気持ちで相手に聞き入りながら、次々に動いていて流れ続けている自己をその場面にこのうえなく的確に出して相手に伝えることといえます。

共感的理解を実例で示してみると次のようになります。

体験的応答の例

cl.1　あの、先ほど、みんなでこう雑談してた時も出たんですけれども、あの、すごくこう、何であんなに自信があるんだろうっていうような話がね（うん）、その、あの先生は、何であんなに自信があってね、その、人に指示したりとか、自分の言いたいことが言えるんだろうっていうようなのが出たんですけれど（うん）、自分もやっぱりね、そういう、あの、ことを、始終感じてるっていう感じでね（うん）、それはどういうことだというと、あの、自分は、ま、昨年から、あの、学校に勤めだして、それで、でも、その、やっぱり、全然自信がないっていうか〈全然自信がないっていうか〉、あの、本当に、自分のやっていることはあの、これでいいんだろうかなっていつも、曖昧な感じで〈曖昧な感じで〉、あの、思ってて、ずっとそういうふうに、曖昧な気持ちでやっていたんですね〈うん〉。で今からもう振り返ってみると〈うん〉、で、これからも、果して、本当に自信もってやっていけるかなあと思うと、やっぱりどうなのかなっていうことね、あの、今思うし〈やっぱりどうなのかなあって、今ね〉、で、よく、あの、家の嫁さんとも、なんか、俺、あんまり自信ないし〈自信ないし〉、で、これからも、本当に、こう、なんていうかな、その、意気洋々とね、その、生き生きとね、やっていけるかなあってことになると、どうかなあっていう〈うん〉、そういう、ため息混じりのね〈うん〉、話がよく出るんですね〈うん〉……何かこう、何かあの、あの先生はこういうふうで、もう何か、すごく嫌だっていう話になっても、その自分はうーん、まあ、そうかなあって感じで、割とさめた感じで聴いているですけども、ただ、やっぱり、うーん、ただ、やっぱり、自分も、その、嫌だなって気持ちがやっぱり思わないことはないもんで、〈嫌だなあとやっぱり思わないことはない〉思わないことはないですね〈うん〉。うん、だからそうやってみると、あの〈間〉そう、あんまり、表向きではその出ないんですけれども〈うん〉、やっぱり心の中では、まあ、いろいろあるのかなっていう、ねえ、そんな感じですね。

cl. 2　いろいろあるのかなあっていう、そんな感じ。

cl. 3　そんな感じね。うーん。〈沈黙七秒〉。それでちょっと話はかわっちゃうんですけれど、その、今、その、自分自身がその、自信がないっていうねえ、やっぱり、自信もちたいっていう気持ちね、すごく強いです。

cl. 3　自信もちたいっていう気持ち、すごく強い。

cl. 4　強いですよ。で、あの、自信もっている人を、何であんなに自信もっているんだろうって、僕は、自信もっている人がうらやましいっていうかね（うらやましいっていうか）、うらやましいなっていう気持ちですね……。

この例でも分かるように、クライエントは、自分には自信がないと感じています。それは、冒頭の

「何であの先生はあんなに自信があるんだろう」

という発言になって出てきます。それから何回も「自信」という言葉が出てきて、自分の話になっていきます。

「自分もやっぱりそういうことを始終感じている」

という発言はとても大切になります。次に、

「やっぱり、全然自信がないっていうか。」

の発言で、クライエントの実感が述べられるに及んではっきりしたものになります。けれども、これだけではまだ本当かどうかは分かりません。少し経つと、「果して、本当に、自信もってね、あの、やっていけるかなあと思うと、やっぱり、どうなのかなっていうこと、あの、今、思う」と語り、今現在やっていけるかどうか自信がないと表現を繰り返します。しかも、ややあって、

「家の嫁さんともあんまり自信がないし、これからも、意気洋々と、生き生きとやっていけるかなあということになるとどうかなあって」

というように、話が、勤務のことから、家庭生活のことに変わっていっても、自信がついて回っているので、このクライエントの訴えたいことは、ほぼ自信にあると分かってきます。話が長くなるので途中は省略しましたが、そのあとになっても、自信の話が続き、

「やっぱり自信もちたいっていう気持ちがすごく強いです」

と自分の気持ちをはっきりさせています。

クライエントは、自信がなく、自信をもちたいのだと、ことごとに感じているから、ちゃんと話を聴いていれば、このことが分かってきます。ですから、カウンセラーは、そこに着目することが大切です。

カウンセラーがクライエントの話の中に差し挟んだ言葉は、括弧にいれて示しましたが、このカウンセラーは自信という表現が出てくるたびに、なんらかの相づちを打っていますね。このカウンセラーは、クライエントの気持ちをくみ取れるように聴いているのがわかります。差し挟んだ発言をわれわれは、カウンセラーの相づちといっていますが、その気持ちが積み重なって、カウンセラーの応答になっていくのです。

「うん」と言っているのは、体験的応答であり、相づちも同じです。また、発言番号をつけて示したものは、カウンセラーの応答です。この応答も、体験的応答です。

ここで気づくことは、カウンセラーが必ずクライエントの感情、情緒、身体感覚などに注意していることです。ここに気をつけましょう。

自己表現の例

事例1

cl.1　……彼女たちは、絶対卒業証書をもってこなくても、これだけやらなければ気分がすっとしないだろうから、きっとくると思っていたわけですね（うん）。三日経ってもこない（うん）、四日経ってもこない。どうしたもんかな、もうしつこく、あれだし（うん）。それで、気持ちよく卒業ができる、あなたたちの、その、社会人の第一スタートが、そういう形でいいのって声をかけようかな（うん）とは思いながら、ずるずると過ぎてね、ずるずると過ぎたというところに私の何か問題があったのかな。

co.1　ずるずるって過ぎたってことは、先生と生徒の信頼感ということを信じて、信じている、っていうことじゃないかなってことじゃないかと、思うんですよね。

この事例の抜粋では、クライエントが卒業予定者の生徒たちに、こちらの善意から約束をして、その履行に生徒たちがくることを期待し、三、四日待っている間に、自分の内面に目を向け、生徒が来ないのは、何か知らないが自分の中にその原因があったのだろうかと気持ちを向けているところです。これに対して、カウンセラーは、ずるずる過ぎたというところに着目し、それを信頼感と結びつけようとしています。カウンセラーなりの自分の思いをここに出しているのですが、この思いはクライエントには届きません。

自己表現は、基本的にカウンセラーのその場での在り方を相手に伝えることを意味しますから、本気できいていれば、この表現はすっとクライエントの気持ちに入っていくはずです。このカウンセラーの自己表現は、少しクライエントの気持ちとずれていたために、効果がありませんでした。これは何故でしょう。

それは、カウンセラーが、自分の考えを混ぜていたからです。自分の考えを混ぜますと、今のクライエントが感じられなくなるのです。

事例2

cl.1 最初は、あっ、こういうこと、きいていけばいいんだっていうんだけれど、だんだんきいていくと、あれっ、自分はどこへ焦点を合わせてきけばいいのかなということで、非常に迷ってしまうんですけれどね（うーん）。〈間〉だんだんやっていくと、わからなくなるってことをKさんも、言ってたし、あの、わからなくなるって人もいらっしゃるっていうんですけれど、私もそういう部類に（うん）入っていきそうだっていう、そういう感じもしてますけどね。

co.1 だんだんなんかこう分かんないような（ええ）気持ちになってこられたってわけですね

cl.2 そーですね（うん）〈沈黙一〇秒〉あの、あのー、なんか、みんなカウンセラー室に、あの、相談室ですか……

この事例は、前の事例よりもカウンセラーの発言がやや多いものです。ただ「私もそういう部類に入っていきそうだ、という感じもしているけどね」という中に含まれているあやふやな気持ち、不安定な感じをカウンセラーの発言の中に盛り込まなければいけないのに、それに気づいていないところが問題だと思います。カウンセラーは、自分の考え方のところで、クライエントの状況を推し量ってしまいました。ここのところが事例1と同じ誤りです。ただ、全然違った方向ではないので、クライエントは、いいえという発言をしていません。その代わり、沈黙一〇秒のあとで、今までとは全然関係のない話題を話しています。このようにクライエントの方から、話題の変更があった時には、素直にそれについていきながらも、こちらの応答や接し方に、何かいけないところがあったのだとしっかり受け取ることが大切です。

事例3

cl.1……高校ぐらい出てないと、今はねえ（うん）、就職もできないし（うん）、で、なんていう、仕方なくっていうこともないけれど（うん）、うん、きて、初めのうちはねえ（うん）、友だちもいなくなってさ（うん）、なんか、できるかどうかって、なんか、楽しみとかそういうものがあるけどねえ（うん）、うん、何とも思わなかったけれど（うん）。最近慣れてきたし（うん）。何か〈間〉もったいないっていうか、むだじゃないかなあとかおもって（あー、無駄じゃないかと思って）うん（うん）。〈沈黙一三秒〉

co.1　よかったら、今思っていることをもっと話して欲しいなあ。

co.2　うん、お母さんはね（うん）、あんまりいろいろそんなことやっていきたくないって思っているんです（うん）。すごく怒るもので、（うん）、それで（うん）、今も学校行くっていって（うん）、あの時は行ったんだけど、学校を止めたいわけは変わらないわけですよ（うん気は変わらない）……

学校へ行かなければいけないということは分かっているのだけれど、行くのを止めて家にいると、初めは友だちもいなくて不安だって。それが慣れてきたしといって、少し沈黙の時間が入ってきました。そのあと、もったいないっていうか、無駄じゃないかと思って、と続いている言葉をみると、気持ちの切断のようなものが感じとれます。カウンセラーは、あー無駄じゃないかと思ってと言ってみたものの沈黙が二三秒も入ってしまったので、もっと話して欲しい、と発言しています。この場面を展開し、気持ちを流し、クライエントに安定感を感じとってほしいという願いが感じられます。

これがカウンセラーの自己表現の基本です。この展開・応用形は、あとの章で述べましょう。

〈参考文献〉

ロジャース、佐治守夫訳、一九六七、ロジャース全集第二・四・六巻、岩崎学術出版社
糸賀一雄、一九八六、福祉の思想、ＮＨＫブックス

第五章　カウンセリングの効果

第一節　クライエントから見たカウンセリング

第一項　カウンセラーの態度条件とクライエントの変化

前の章までは、カウンセラーがカウンセリングに臨んで、そのカウンセリングが成功するためのカウンセラー側の条件について勉強してきました。それがたとえば、純粋性（自己一致）であり、無条件の肯定的配慮（受容）であり、感情移入的効果（共感的理解）でありました。これらは俗にいうカウンセラー側の態度条件という基本的なものでした。確かにこの三つを身につけますと、カウンセリングがうまくいくという実例はたくさんあります。でも、本当にそうでしょうか。翻ってみて、カウンセリングをしている人たちは、この三つを完全にわがものにしてカウンセリングの場に臨んでいるとは限らないような気がします。すなわち時々受け答え損なったり、別のことを言ったり、差し出がましい口を利いたりすることだってあります。ところが大方の線でそれが了承されていると、カウンセリングがうまくいくのです。了承されるといえば、相手はクライエントです。私は前の方の章でカウンセリングの成否の鍵はカウンセラーにあると申しましたが、より正しくはクライエントにあるといえます。

私たちがこれからみていくカウンセリングの条件というのは、カウンセラー側だけの条件ではなくて、それがどのような効果をクライエントに及ぼしているかというところにあります。もしも仮に、カウンセラーがこれら三つの条件を身につけていると思って面接をしても、それがクライエントになんら効果を及ぼさないならば、その三つの条件はカウンセラー側にないことになるでしょうし、もしあるとしたら、それはカウンセラーの独りよがりでしょう。カウンセリングが成功するというのはクライエントが決めるからなのです。カウンセラーに自分の心中のすべてをきいてもらっているという安心感から、クライエントは物の見方、感じ方、自分の接する接し方などなどがカウンセリングを受ける前と違って促進的になっていると自分の中で感じられることによりましょう。すなわち、カウンセリングがうまくいくかいかないかは、クライエントの人間の豊かさへの接近（変容）で分かるということになります。クライエントの変容は、いうは易いのですが、どんなところでクライエントが自分の人がらが豊かになったと評価をするのでしょう。それが問題です。私たちはそこのところに着目しないといけません。

第二項　クライエントの変容

一　自己に対する情動的態度

ロジャーズも述べているように、クライエントの、自分への情緒的接し方が変わるということです。もちろんこのことは、カウンセリングが続いていって、ある程度までクライエントの知覚の変化が起こった場合にいわれるのですが、どのような方向へいくかが分かっていると好都合です。この接し方がある方向性をもっているとすれば、それはおそらく、カウンセリングの一番基本的なところにある人間が成長するという意味での方向性でしょう。人間が成長するということは、自己に肯定的になっていくということですから、情緒的なものも肯定的になっていくとみることができます。

クライエントは初めから自己に肯定的かというと、必ずしもそうではありません。どちらかといえば、初めは自己に対して否定的です。それが面接が進むに連れて徐々に肯定的になっていきます。

肯定と否定を海と陸の境のようなところと考えた時に、否定から肯定へパッと変わるものでなくて、入り交じって出てくるところもあるだろうと考えられます。順序からいえば、否定、入り交じり、肯定となるのでしょう。ただ、否定が一〇〇パーセント、肯定が一〇〇パーセント、というようになりきるかどうかはまた問題でしょう。ほとんど否定、ほとんど肯定、中が半々、となるのかもしれません。

これは人によって違ってくるでしょうが、割合からいうと初めの方は否定的な情動的な態度接し方がとても多くて、終わりの方になると、成功するクライエントとの面接では特に肯定的な情動的な態度接し方がとても多くなるだろうといい直すことができましょう。トムリンソンとハートの研究、飯塚と岸田の研究によってもこれが明らかになっています。

ロジャーズも、自己についての感情が変わるということはそれを知覚する仕方の変化を生み出すと述べています。そして、知覚する仕方が変わるということは認識の世界へもたらされる仕方が変化していることを示し、変化したものが概念として私たちの中に定着する方向にも影響を持つことをも意味しています。よしんば知覚の対象になる事柄や人間が同じものであろうとも、知覚する仕方が否定から肯定へ変われば、結果として肯定という観点から対象を評価したことになりますし、それに基づいて以後の価値観を作ることになります。

基本は、ある事柄、ある事実を自分がどのように知覚するかということです。それは、事実と自分との二つの要素によって成り立っていると考えられます。その事実と自分との要素を知覚する仕方は、目の前に見える対象がどのように自分の中に意味づけられたかということによります。さしあたって目の前に何もなくともイメージとなって出てくるのが自己というものですから、知覚の仕方の一番根本的なものの一つは、自己知覚という形で存在していることがわかります。すなわち外的に存在する事物の知覚の前に、自分という人間をどのように知覚するかという段階があることに気づきます。

二　自己知覚の変容

私たちはカウンセリングを受けなくても、ある一定の期間が経つと自分について知覚する仕方が変わります。カウンセリングを受けるとそれがもっとはっきり分かります。しかも、カウンセリングという場面は、人間にいつも肯定的に接することが許されるという、ある意味では非常に特殊なものですから、そこでの自己知覚はマイナスの方向、すなわち人間に拒否的否定的になる方向ではなくて、プラスの方向、すなわち人間に肯定的積極的になる方向が、いつもあるといえます。だからカウンセリングで、自己知覚というのは、自分に肯定的になるという方向に向かうことが分かります。方向性をもった変化は肯定的な変化で、これがカウンセリングの中では価値があると考えられますから、カウンセリングの中で自己知覚に変化が起こったかどうかは、肯定的な変化がどれだけ起こったかで、量的にも質的にも把握することができましょう。自己知覚の変化が起これば起こるほど、カウンセリングは成功したと考えられます。

自己知覚の変化というのは、別の言葉でいうと、自分という人間を肯定的に知覚することと考えられますから、自己受容という言葉が当てはまります。すなわち、自分を認めて、心から納得するということです。カウンセリングを受けている間に、この自己受容が増大するということは大切なことで、自己受容が大きくなればなるほど、知覚はどんどん肯定的に変わっていきます。

自己受容には、自分を価値ある一人の人間というように知覚するという特色がまずあります。自分という人間を非難よりも、むしろ尊敬に値する人間として知覚することです。

そしてさらに、自分の価値判断の基準を、他人の態度や他人からくる願望に基づいたものとして知覚しなくなるということ、つまり、判断の基準が自分の中から出てくること、借り物ではないということがあります。これが、自己受容の二つ目の大きな特色です。

私は次に自分自身の感情、動機、社会的および個人的経験、つまり、感情、動機、経験など、自分にとって一番基本的な身体感覚をそのとおりに知覚できるという特色があると考えています。つまり、体に起こった何かの感じ、感覚をそのままの形で自分が知覚できるということ、すなわち、感覚のあるがままの知覚が第三番目に出てくる特色です。

これら三つの特色が、自己受容がおこなわれるとどのようになるかというところで見ていけば、自己知覚の変化はもっともよくお分かり頂けると思います。

では、自己受容が行われるとしたらどのようになるのでしょうか。

自己受容は基本的に、自分を認めてそのまま受け入れることです。これは文字どおりの解釈です。自分を認めて受け入れると、自分にどのような気持ちを抱くでしょうか。このようになった時に私たちはどうするでしょう。

自己受容がおこなわれるようになった人たちは、次のように究極的には素晴らしい人間像になっていると思われます。

一　自分の能力や特性を前よりももっと客体的に、もっと大きな満足感をもって知覚できるようになる

自分の能力や独特な、独特な性質、性格などをよりいっそうあるがままに、そしてより一層大きな喜びをもって認めることができるということです。

二　情動的になることが少なく、自己および関係の中の自己のすべての面をより多くの客体性をもって知覚する。

自分という人間、あるいは誰かと話をしている時の自分という人間のできる限りのすべての面をそのあるがままに見ることができるようになるということです。

三　自己を一人の独立した存在として知覚する

自分という人間をきちんとした、確立した人間として、そして前よりも自分が生きていく上での問題にきちんと対処できる人間として知覚するということです。私たちが生まれながら一人の独立した存在だからです。

四　自分自身をより、自発的な生きものとして、純粋になれる生きものとして、知覚する

自発的というのは、自分の中から出てくる気持ちで動くことですから、自分の中の基準をもとにして、自分の考えや感じをもとにして動けることです。そしてそれは、知的な領分も含めて、常に全体で一丸となって動くと考えるといいと思います。ここでは純粋というのを、いつも何かする時に、全身がサッと動けるようになっていることと考えていけばいいでしょう。

五　自己の経験を常にありのままに評価すること

自分がある行動をしたらどうなるかが、予め分かっているようなそんな感じ方、考え方で行動するのではなく、自分がやった経験、体験を、この自分が良かったか悪かったか、自分の中から出てくる基準で評価をすることです。評価が対立していたり攻めぎあっていたりしては困ります。

六　自分という人間をまとまった一つの存在としてみること

一つのまとまりのある存在として、ばらばらになっているところの少ない存在として自分を知覚するようになるということです。もちろん、前よりももっと、というのがつきます。前がばらばらで、今がまとまっているということではなくて、傾向として徐々に徐々にまとまっていくというように、一つの流れがあると考えましょう。

ロジャーズはこれらを要約して三つの方向でまとめられるといいます。

a　自分自身を、いっそう周りにピッタリとした存在としてみる。適切な生き物として自分をみる。

b　自分自身を、いっそう価値ある人間としてみる。

c　自分自身を、いろいろな事柄が起こってきても、以前よりももっと適切な処理ができる存在としてみる。

そのほかにも、

・たくさんの事実を意識化できるようになる。

・自分や自分が関係しているいろいろな人との関係を現実的に評価できるようになる。

・自分の下した判断はすべて自分の中から出てくる。もともとそこにあるものは、善くも悪くもない。善し悪しは、他人の意見を参考にして、自分がつけるもの。

などが考えられます。つまり、自分についての感情、情動などは、自分を知覚するやり方と同じように、カウンセリングの中で変化するのです。自分の感情や情動を知覚するやり方も自分を知覚するやり方と同じです。そしてそれには一つの方向があります。ここのところはもう皆さんは御存じですね。あまりうまくいかない面接ではこの変化が少ないことももちろんあります。次にこれらの変化の程度を見ましょう。

ここで例に引く事例は、私が仲間の力を借りて開発し続けているミニカウンセリング、というささやかな訓練方法で得られた成果の一部です。特にここに挙げた事例は遠方に住んでいるために通信教育の形でミニカウンセリングの学習をした方のものです。通信教育は、月に一度、ミニカウンセリングを実施し、その逐語記録とテープをこちらに郵送し、添削によって、実力をつけていくやり方です。

ここにひく事例は、一九回かかって成功例となったものです。つまり、一九ヵ月かかったものです。その中から一、四、七、一〇、一五、一七、一八、一九の各回の最初と最後の部分のみを引用して、クライエントの自己に対する情緒的接し方の変化と、自己知覚の変化を見ていくことにしましょう。

事　例　Yさんの事例

Yさん1回目

Y―1―1

cl.1　まるでもう、夢のような気持ちがするんですよね（えぇ）。あの、二五歳で結婚して（えぇ）、二九歳で、あの、一人で子どもを育てなきゃならなくなったんですね（えぇ）。っていうのは、あの、結婚して一年ぐらいは、（えぇ）もうすごく幸せだったんですよね。（えぇ）。こんなに幸せで神様の罰が当たるんでないかなと思うくらい、幸せだったんですよね（えぇ）。子どもが生まれてね、一ヵ月か二ヵ月が過ぎてから（えぇ）、保健所にね、あの、赤ちゃんの検診に行ったんですよね（えぇ）。そしたら、息子の二の腕にね（えぇ）、もうね、すごい大きな発疹が、あの（えぇ）、あのABCインター、（BCG?）BCG、そのね、あの、反応が出たわけ。結核のね。それであの、こんなに大きなのがこう出るんなら、家族の中に、誰か、結核の患者がいるから（えぇ）、だから、お父さんも、お母さんも、みんな、三人とも、調べましょうってことで、調べたのね（えぇ）。うちの主人がね、三期になっていたの。そしてね、胸、あの、肺にね（えぇ）、たまご大の空洞があって（えぇ）、ガフキーって結核菌がね、一〇出ていたの。一〇ということはもう最高なのね（はぁ）。それで、あの、即座にね（えぇ）あの、息子のこと、もう、見たら、肺浸潤になっていたの。

事例の解説

このYさんは、「もう夢のような気持ちがする」と語り始め、二五歳の時にまでさかのぼっていきました。自分の話なのですけれど、遙か遠い過去の話です。この、過去の話は、彼女にとって、まるで夢のよう、という語りかけが必要だったのですけれど、詳しい話が続きます。それくらい、はっきりと記憶にあることなのです。自分のことなのに、このようになっているのは、二五歳の時まで遡らないと、自分を語れないからで、当時Yさんは六〇歳でしたから、三五年間も時が経っていることを充分に感じ取らなくてはいけないでしょう。問わず語りが始まったわけです。これだけでは、自分の悩みなのか、主人についての悩みなのか、また、息子についてのものなのかは、はっきりしません。「二五歳で結婚して、二九歳で一人で子どもを育てなきゃならなくなった」のですから、自分のことを語ってくれるのだと分かっていても、もうすこしはっきりしません。

Y—1—5

cl.2　……大げさに言うならね、本当に、よく、私、狂わないと思うくらいね（うん）、もう、本当に、毎日毎日、そのことでね、頭を、し、全部占めてるのね（うん）。〈間〉

co.1　息子さんたちのことで、頭が（うん）全部占められてる。

cl.3　うん、何をしててもね、雑巾がけしてても、お茶碗洗っててもね、ちょっとも頭から離れないくらいね（ウン）。アノ息子たち夫婦のことで、頭がいっぱいなんですよね（うん）。だから、神様や仏様にね（うん）私なんか不信心で何も信じないけれどね（うん）。本当に神にも仏にも、すがりつきたいようなね（うん）、今、気持ちなんですよね（うん）。人間って欲だからね。自分が困っている時だけ、神頼みだとか（うん）、本当に言う話をしてね、笑っていることなんか、たとえ話、聞いたことあるけどね（うん）、何にもね、もうすがりつくものがね（うん）本当にないんですよね（うん）。そしたらね、形見えないものにね、本当に助けてーって（えぇ）すがりつきたいような思いでいるのね、今。〈沈黙八秒〉

co.2　形のないものにでも、助けてってすがりつきたい（えぇ、えぇ、そういう思い、えぇ、えぇ）気持ちで

cl.4　いっぱいなのね。

Y—1—5の解説

Yさんは、ここにきて、雑巾がけをしていても、お茶碗を洗っていても、あることが頭から離れないといい、そこから、息子たち夫婦のことが頭から離れないと続け、私は不信心者だけれど、「すがりつきたい思いで、いっぱい」と言っています。その前に、「今」という言葉があることを

みても、今の気持ちだということが分かります。そして、いまの気持ちにどっぷりつかっているかというと、沈黙八秒の前では。「すがりつきたいような思いでいる」と言っていますから、そこに着目しましょう。

Yさん4回目

Y―4―1

cl.1　やっぱり母子家庭でね、頑張ってきたけどね、（うん）やっぱし母子家庭には母子家庭しかね、子ども育てるのにね、やっぱし自分としては半端な育て方しかできなかったんだなとかってね、もういつでも自分を責めて責めてる気持ちがずっと続いていたのね、それがこの頃ねなんとなくね、アノ、失敗した事実認めるのね。自分の育て方がきっと悪かったんだってことは、もうすごく、うーん、うーん、分かるんですけどね。でも、もうね今さら悔いたってね、仕方がないんだっていうふうにね、気持ちの中に、自分がいるのね（うん）。でね、それにしてもね、自分は精いっぱいやったんだから、それを今さらゆったって仕様がないんだなあっていうふうに、それこそ、泥まみれになって生きてきたん、なのにね、こういう結果しかでなかったのは、まあ、仕方がないんでないかってふうにね、やっぱり反復している自分があるんですよね。それを繰り返し繰り返し自分の中に、堂々巡りはしてるんですけどね、でも、一生懸命自分なりにね、生きてきたことには変わりはないんでね。手を抜いていたとかね、それから、なん、なにか子育ての中でね、こうしたら、こうすればよかったんでないかなんてふうに今さらゆったってね（うん）、どう仕様もないんだなあってふうに自分の中でね、諦めなのかなあ、納得してるのかなあ、その中で、仕方がないんだからね、今さらん、どう、堂々巡りは止めようってふうなね、（うん）そんな気持ちが、今ね（うん）

ずっと続いているのね。

Y―4―1の解説

Yさんはこの回になって、初めは、母子家庭だから育て方に当を得なくて、子どもを変なふうに育ててしまったということを「やっぱし、自分としては半端な育て方しかできなかったんだなとかってね」と表現しています。そして、このことをずっと責めていたことも語っています。けれども、育て方に失敗したことを認めるようにこの頃変わってきたわけです。そこから、今さら悔いても仕方がないという一つの結論を出していますが、これは知的な答えでしかありません。そして、自分は精一杯やったのだという理屈をつけています。このようにして、落ち込んでしまった自分を慰め救おうという気持ちがあらわれています。これは、この段階の人にとっては当り前のことです。堂々巡りは止めよう、という表現に含まれているのは、今さら言っても仕方がないという気持ちなのですが、それは、諦めなのか、納得なのかわからないのです。分からないまま堂々巡りになったので、気持ちが落ち着かないまま、今日までいきているということが語られています。

Y―4―5

cl. 3　だから前はね、こんなことがあってたまるかって気持ち、わたしすごくね、じだんだ踏んでたのよ

（うん、うん）ね、でもね、この頃の気持ちはね（うん）、あぁ、こうなるべくしてなったんだなうってふうなね、シーンとしてね、何か、あの、落ち着いた気持ちでいるのね、こんなになってたまらないってふうな気持ちだったでしょ、前はね（うんうん）、でも、こうなるべくしてね、なったんだなうってふうなね（うん）、何か自分に言い聞かせる気持ちね、仕方がないんだよってふうなね（うん）、わたし、やっぱし、一人でね、我武者羅に生きてきたけれどね、女が一人で何もね、手に職もなかったね、その何もなかった自分がね、それこそ試験受けて、国家試験で保母資格とって（うん）、そして、市役所に入っての間ね、二四年五、六カ月っていうのは、やっぱり無我夢中で生きてきたっていうけどね（うん）、こどもをそだてるところにまでね、きもちはおよばなかったんだわ（うん）。だからね、やっぱり、こどものね、心のね（うん）、こう、ひだみたいなところに気づいていながらね、やっぱし、わたし、我武者羅にそれを見て、見ない振りして、育ててきたような気がするのね（うん）。だから、こんなふうにね（うん）責任感のないね、何か、子どもを育てられないようなね、放棄するようなね（うん）、そんな息子にしちゃったんでないかなあってふうなね、結局は自分を、またまた責めるんですけどね（うん）、そこにゃっぱしいくのね、でも、それがね、あの、今はね（うん）、そ、そう言って自分を責めるってんじゃなくてね、納得してるわけね（うん）。まあ仕方がなかったんだって、一生懸命生きてきたんだけれども、それはそれなりにねわたしはそれしかできなかったんだよって（うん）、だけど、こうなったんだなあってふうな思いね。

co.3　自分なりに一生懸命（うん、うん）やってきたんだから、こうなったのも、それなりに意味あるかもしれないけども、仕方がない。

cl.4　うん、仕方がなかったんだなってふうな気持ちね、でも、こういうふうにすればよかった、ああいうふうにすればよかったなっていうふうなね、自分の後悔ではないんだよ（うん）。それが不思議にね（うん、うん）仕方がない、なかったんだねって（うん、うん）、自分をね、こう、いとおしむようなね（うん）、

〈間〉こんな結果になったけどね（うん）、自分は一生懸命生きていたんだからってふうなね。

Y―4―5の解説

以前は「こんなことあってたまるか」とじだんだ踏んでいたと語り、「この頃の気持ちは、こうなるべくしてなったんだなあってふうな気持ちで、落ち着いている」とつなげています。「こうなるべくしてなった」というのは、「何か、自分に言い聞かせる気持ち」で、「仕方がないんだよ」が、その中味になっているようです。言い聞かせているのですから〝心の底から〟こうなるべくしてなったとは感じていない様子があることに注意しましょう。でも、クライエントには、そこまで分かりません。彼女はいまここにいます。ですから、それをそのままに受け入れてきき進んでいきましょう。すると、その次に、「仕方ないんだよ」といったわけが語られます。「一人で我武者羅に生きてきた」ことがそのわけで、中味は、「女が一人で、何にも、手に職がなかったから、国家試験受けて、保母の資格をとり、市役所へ入って二四年と五、六カ月の間、無我夢中で生きてきた」ことになります。無我夢中で生きてきたその中に、「子どもの心のひだみたいなものに気づいていても、見て見ぬ振りをして育ててきたような気がする」から、子どもがこんなふうに責任感のない人間になったのも自分のせいだと感じている様子が述べられます。これは、仕方がないということの言いわけにはなっても、これで気持ちを落ち着けることはできません。彼女は今ここにいます。こうでも言わなければ、二四年と五、六カ月の彼女の無我夢中の子育てと生きてきた歴史は無条件に問題無しになってはくれません。

ただ、ここでとても大切な発言があるように思います。それは、「一生懸命生きてきたんだけれども、それはそれなりに、私はそれでしかできなかったんだよって、だけどこうなったんだよ」という言葉です。彼女はここで操作的ではあっても、自分の気持ちを落ち着けようとし、実際に落ち着けているようです。前述のように、このやり方は、長時間続きません。でも、それは、この段階での彼女を示しています。カウンセラーの発言は、少し的外れなのですけれど、クライエントはそれを逆手にとって「自分の後悔ではないんだよ。自分をいとおしむような、こんな結果になったけど、自分は一生懸命生きてきたんだから」と言わせています。クライエントはここにしっかりといることが分かります。

Yさん7回目

Y―7―1

cl.1　えーっと、私ね、この頃ね（えぇ）、あの、一体、私、どうなってるのかなってね（えぇ）、もう実に自分ながらね、あの、深刻な話なんだけどね（えぇ）、あの、どうしていいのかなと思うことがね、分からなくなってくると、返って、逆にね（えぇ）、あの、開き直ってしまったのね（うん）。で、あの、母がね、九三ですからね、きっと、あの、今、やっぱり、あの、しっかりしているように見えてもね（えぇ）、やっぱり、あの、あぁいうもうろくの仕方ってあるんでないかと思うのね（うん）。あの、四日ぐらい前にもね（えぇ）、朝、私、母と一緒の部屋に寝るようにしているんですよね（えぇ）、この頃。そうしましたらね、私にね、すごい顔してにらみながらね（えぇ）、あんたみたいに腹黒い人はいないねって言うんですよ（うーん）。何がって私言ったのね。私にね、何でも私を悪者にしてっていうんですよね（うん）。で、どういうことって言ったらね（えぇ）、私が、あの、主人と別れたっていうのも、あの、おばあちゃんが悪からだってふうにね、息子には吹き込んだでしょって言うんですよ。……そのことが原因で（うん）、沈黙になってね、三日も四日も黙ってるの。ものも言わないの。そしてね、もう、ほろほろ、ぽろぽろ泣いてんの。もうやりきれないんですよね。私もね。

Y－7－1の解説

この回でYさんはいきなり、「一体私、どうなってるのかなって」、「いいかなと思うことが分からなくなってくるとね、逆に開き直ってしまったの」と言っています。それから、開き直ってしまったわけが語られるのは、前の回と同じです。Yさんがご主人と離婚したのも、おばあちゃんが悪いせいというような受け取り方をしていることに、ほとほと嫌気がさし、三日も四日も黙りこくってただ泣いているなんて、ほんとに、もうやりきれない、ということが語られます。Yさんは、とても困っている様子です。でも、彼女の中には、やりきれないが座を占めていて、困っているは、まだ出てきません。

Y－7－4

cl.1　これから先々ね、どういうふうになっていくのかなあっていうにね（うーん）、なんかすごく不安なんですよね。で、もう、あの、やってることはね、自分の身の回りのことでも、何でも、できるしね、それから、ご飯の支度でもなんでもできるしね〈うん〉、何にもぼけてるような人ではないの。ただね、精神的にものすごく不安定だなあってことはね〈うん〉、分かるのね〈うん〉。だから、私の、その、息子のことで、私が困ってることもね〈うん〉。それから、母はそれはもう十二分に私の苦労見て、知ってて、可愛そうだって気持ちがあってね、それが心配のあまり、ああいうふうになっちゃってるのかなあと思ったり、それなら、私をいたわってくれるんだったらあんな態度には出ないはずだと思うのね〈うん〉で、私も眠れないこともあったりね、それから胃がしくしく病んだり胸が痛くなったりして、辛くているってことは、母の目の前で見ててね〈うん〉、充分私を可愛そうだと思っているんだからね、どうして、あんなふうな、ますます、あ、私を困るようなことをね、どうしてあぁってするんだろうなあってふうに、も、全然分かんないのね〈全然〉本当にね、もうあっちもこっちも大変だなあってね〈うん〉、〈間〉本当に重荷だらけだなあって、思っちゃうんですよねぇ―

co.1　重荷だらけだなあ〈うん〉

Y―7―4の解説

「どうなっていくのかとても不安だ」という語りで始まったこの部分は、クライエントにとってある意味で頼みであった母親の辛い変化でした。クライエントにも、物凄く不安になっていることがよく分かるのだけれど、クライエントが自分の息子のことで悩んでいるのも知っていてくれるはずなのに、心配のあまりこんなふうになるのかもしれないのだと思ってみるけれど、でも心配なのだったら、こんな態度は採らないはずだと思ったりする。眠れなかったり、胸が痛んだり、しているのをちゃんと見ているはずなのに、こんなにますます私の困ることをするのはなぜなのか全然分からない。あっちもこっちも本当に大変だなあ。本当に重荷だらけだ。というのがこの回の筋です。

Y―7―5

cl.2　私が家を建てたというのは、母のためを思って建てたつもりでいたのにね（うん）、そのことがね、母を不安に陥れているなんて、とっても、も、困ってしまうものね、今。そんなふうにいわれたって、もう建てちゃってる家をどうしようもないでしょう（うん）。そう、そして、もう、あの、家に住みたくないとかね（うん）、ここには居たくないんだよとかって、もうね、本当にね、絶叫するのねぇー。夜中にね。だから、やあ、私ね、本当に今ね、地獄みたいな思いしているの。

Y―7―5の解説

Yさんは、自分のために家を建てたのではなくて、母親のために家を建てたのだと言っています。そこには、自分のやったことは、当然母親から、感謝される筋合いのものだという先入観とも呼べるものが働いています。でも、Yさんはこのことに気づいていません。母親は正にそのことで彼女なりにいろいろ苦労をはじめたわけです。Yさんには予想外でした。Yさんの思っていたようには、ことが運ばなかったのです。六〇歳になろうとしているYさんの母親がこの回の最初で九三歳であることが語られています。堪え性がなくなっていることだって当然考えられます。

へいせいのYさんなら、このことはよく分かるでしょうけれど、今のYさんには無理なのでしょうか。「母親は絶叫する」とYさんは言います。あれやこれやでYさんはどうしていいか分からないのです。Yさんにとっては、「本当に、今、地獄みたいな思いしている」のは、彼女の実感です。ここのところをよくみましょう。まだものの見方が広くないのですけれど、Yさんは、今の瞬間の自分をちゃんとだしています。それは、善悪の、価値判断から出てくるものではありません。

Yさん10回目

Y—10—1

今年はね、A月から私、とっても忙しいんですね（えぇ）、なんとなく活気があるんですから、去年と違って（えぇ）。去年はね、あの、ほら、今過ぎてしまってね、振り返るとね、何か、自分の中で堂々めぐりばっかりしていたように思うんですけどね（うーん）。今年はね、あの、ほら、Kさんとね、会ったでしょう（あ、うーん）あの、ZSで会ったのね（うん）。あれよかったんではないかとおもうの（うーん）。幸先よかったの（うーん）。幸先がいいってことあるでしょう（うん）。本当に幸先がよかったような気がするんですけどね（うん）。あれから五日、六日とNへ行ってきたんですよね（あぁ）。お友だちから突然電話がかかってきて（うん）、あの、スキーに行きましょうって。私、スキーはできないんですけどね（うん）、あの、みんな、山へ行く人たちのご飯ね（えぇ）、作る役目で、賄い婆さんで行ってあげたのね（うん）。それから、なんとなく、そのあとね、あの、あたふた、あたふたと暮らしてね、なんかこう、前みたいに落ち込んでる暇がないみたいなところがあったのね（うん）。それは、私、自分の気持ちの持ち方もあるのかなあと思うんですけどね（うん）。ひょっとしたら、また、引っ込んでなくなる時があるのね（うん）私って、どっち、どうしても、いま、流行の言葉でいう根暗なのかなあと思うんですけどね（あぁ）。なんか、「エイッ」と思ってね、出て行かないとね、やっぱし、行けなくなるの。

Y—10—1の解説

開口一番「A月から、私とっても忙しいんですね」という言葉で始まったこの回は、Yさん自身の生活で新しく起こったことをカウンセラーに告げたくて仕方がない様子がありありと感じ取れます。Yさんの中に何か変化が起こったことを示しているのですから、ここはちゃんと聴いていけばいいのが分かります。「なんとなく活気がある」という言葉が続きます。それは、去年の比べてなのです。去年は今のようではなかったのですね。「去年は自分の中で堂々めぐりばっかりしていたように思う」という発言から、はっきり分かります。Yさんは、偶然に、カウンセラーとZSで会ったのでした。このことは、Yさんに何か光を感じさせたのでしょう。「幸先よかった」がそれです。その次の特別なことは、友だちから電話でスキーに誘われたことです。Yさんはスキーができないので食事係で行き、落ち込んでいる暇がないことなどから、「気持ちのもち方」という言葉がYさんの気持ちの一つの表現になっているようです。Yさんは、自分があまり外向的な性格の持ち主ではないと思っているようで、「〝エイッ〟と思って出て行かないと行けなくなる」と続けています。ここに注目しましょう。

Y―10―4

cl. 4　アノ。前から、私、こういうふうに思ってる、思ってるって言ってたんだけどね。それは、やっぱり思い切れなかったのね（うん）。やっぱし、あの、胸がきゅぅんとなるような心配っていうのはね（うん）、アノ、絶え間なく続いてたんですよね（うん）。そして、やっぱし、夜も眠れない時もあ、あるしね（うん）、それ、あんだけど、そのね、あの、山―行ってからね（うん）、割とね、何かね、おまかせっていう、感じなの（うん）。あの、どうしようもないんだけれど（うん）、自分がさぼってね、あの、何ちゅうかな、努力すればなんとかなるっていうことをね（うん）、してやってないっていうことではなくて（うん）、あの、何かね、こう、自分の枠外で（うん）、自分の、もう、何とかできないところの、枠外でね（うん）、私、何とか、お任せして、なんていったらいいかな、〈小さな声になる〉、心配な、心配なことは、やっぱし心配なんだけれども（うん）、前よりは少し楽になったっていうかな、素直に言ったらそうなるんだね（うん）。

Y―10―4の解説

Yさんは、これこれのことを思っているなどといってきたことを振り返り、それは頭の中で考えていたことで、ちっとも心から思っていたのではなかったと、認めています。思い切れなかったという発言がそれを現しているのです。胸が締めつけられるような心配な気持ちは絶え間なく続いていたとも述べていますし、眠れない時もあったこともカウンセラーに告げています。山登りをしてから、「お任せ」という感じになってきたこと、今の心配ごとは、自分の努力で何ともならない枠外のことだということが、なんとなく分かってくるにつれて、心配ではあるけれどこんなふうに考えたら、少し楽になったと述べています。クライエントは、今まで、自分の中の知的な動きを重視して、心の動きをないがしろにしていたことに、なんとなく気づきはじめたといっていいでしょう。言っていることと、自分がやろうとしていることとの間の矛盾に気づきはじめていることは、クライエントの中に変化が起きていることを示すものであり、「素直に言ったらそうなる」という発言に変化がよくくみ取れます。気持ちが安定していることも感じられ、クライエントは自分を見るゆとりがすこし出てきているように思われます。

Yさん15回目

Y―15―1

cl.1 あそこは、あの、やっぱし、私の言いたかったことなの。ところなんですよね（うん）。でも、それは、それで、もう、過ぎたのね（うん）。そして、今度はね、じゃ、次は、こうふうにね、私ね、やっぱし、うーん、そういう、いつまでも、いつまでも、ぐじゅぐじゅしている自分はね、終った。それで、もう、いい、いい、終ったから、じゃ今度はね、また、元気を出して、生きるぞってとこかな。いろいろときいてもらってね（うん）、吐いたから、何か、何となく、こう、うっ積したものがね（うん）、あの、出せた感じがするのね。〈間〉そして、〈間〉またあと一月ね、こう、充電したような気持ちになれたわけ（うん）だけど、まだ、なんとなく、し、足りなかったの。

co.1 うん、なんとなく、足りなかった。

cl.2 うん、足りなかったの。うん、もう少し残ってるんではないかなってふうなね。あそこだけでおわっちゃったら、やりきれないなって気持ちかな。本音の所は（うん）。あそこはあそこでも、もうね、喋りたくて、喋りたくて、喋ったけれど（うん）〈沈黙八秒〉そして、あの、きいてもらってるって気持ちはしたのね（うん）。〈間〉そして、一山越えたって感じなの（うん）あの、登りつめて、一山越えたのね、そして、まだ、麓から、麓へ降りたって感じはしないんだわ（うーん、うん）、麓へ（まだ途中なのね）、まだ途中だっていうような気持ちがする。

Y—15—1の解説

聴いてもらいたかったことを話したら気持ちがおさまったといい、それに続けて語ったのがこの部分です。いつまでもぐじゅぐじゅしている自分はもう終ったのだから、元気を出して生きていくぞ、と決心をしながら、自分のいろいろを聴いてもらって元気が出ることを述べ、落ち着いている姿がうかがえます。ややあって、この一月ほどは、気力が満ちてきたような感じがあると述べながら、まだ十分ではないようだと語っていますけれど、カウンセラーの発言を挟んで、きいてもらったらひと山越えたような感じがすると述べ、やりきれないという本音は残るものの山登りをしてこれから麓へ戻る途中のようだとも言っています。ここにクライエントが気持ちを落ち着かせ、自分のおかれている状態を客観的にみている姿が感じられますし、クライエントのゆとりが感じられるところです。

Y―15―4

cl.3　少しずつ、それでも、私、去年よりはね（うん）、自分の気持ちがこう、少しずつ変われているってふうに、思いながらね（うん）、ここへきて、話す、やっぱり、そこのところにね（うん）、あの拘っている自分があるでしょう（うん）。〈間〉でも、凄く出たいのね（うん）。ここからは、とってもね、ここの中に、居たくないね（うん）。そして、それは、自分ということも分かるのね、人にね（うん）、手を貸してもらえるんではなくてね（うん）、自分が出なくちゃいけないんだってことも、よっく分かるのね（うん）。そしたら、どうやって出たらいいだろうってとこでね（うん）、すごく私、七転八転してるんだわ、今。〈間〉どうやったら、ここからぬけだせ、ぬけでれるだろうっていうところでね、もがいている（うん）。〈沈黙七秒〉

Y―15―4の解説

ここへきて話すことで、気持ちが去年よりも変わっているとは思えても、やはりこだわっている自分を感じて、Yさんは、一息ついています。次に、スムーズに言葉が出てこないのは、恐らく、彼女が自身の内面に向かって、その時の感じを現すために適切な言葉を捜しているのでしょう。次に、必死になってこだわっているところからは抜け出そうとして、もがいている自分があるから、何回も何回も同じところへ来るのだろうという気持ちを述べています。ここはとても大切です。それは、体験過程という、自分の心の芯のところへ気持ちを向け、そこから出てきた言葉で話をしているからです。そして、まだそこにいることを認め、すごく出たいからだ、そこにはとってもいたくない、という気持ちをはっきりと述べています。語り終えて、Yさんは七秒も沈黙していますね。自分の思いの丈をどんどんのべたあとの状態がここにあります。ここはとても大切なところなのですから、このクライエントの気持ちをよく汲み取って下さい。Yさんはここにいる自分がそこからでていくためには、他人の手を借りて出るのではなくて、自分がその気になっていかなくてはいけないと分かっています。これは、まだ知的なものが混ざっています。そして、Yさんは、自分のいるところ、自分の今の大切な状況を、「もがいている」、とぴったりの言葉で現しています。知的に答えを出すと、悩みが深刻になっていく有様がよく出ていますから、じっくり味わうと共に、ここがYさんの正念場で、カウンセラーの正念場でもあることを銘記してききましょう。

Yさん17回目

Y―17―1

cl.1　落ち着いた気持ちでいるんですね（ええ）。あの、落ち着いた気持ちっていうとね、どういうふうな気持ちかっていうと、前みたいにね、気持ちがこう、騒いでいないんですね。なんか、こう、シーンと、あるがままを受け入れて（うん）、そして、それによって自分の気持ちが動揺するってことが、あまり、前のようにないような自分を、はっ、見つめられる、ているんですよ（うーん）。あの、いろんなことでのね、あの、葛藤みたいなものも、それから、あの、好転はしてないんですしね（うん）、何も、前とは違ってないんですけれども、それを何か、自分の中では、あの、静観できる状態でいるんですけどね（うん）、あの、前にも繰り返し繰り返しそういう気持ちがある時、落ち着いていられたし、ある時はね（うーん）また、すごく心配で心配でたまらない気持ちの繰り返しではあったと思うんですけどね（うん）、この二ヵ月ばかりね、ずっとね、んー、前よりは、あの、持続しているような気持ちしているんですよね（うん）。その、落ち着いた気持ちがね（うん）、ずっと、そして、あの、あの、なんか、なるようになるさってなふうなね、投げ捨てたようなね（うん）、その、うんとー、言うならばね、やけの、やけ気味の気持ちじゃないのね（うん）、あの、ある、そのままの状態を自分の中で受け入れていながらね、でも、あの、ああそうなんだな、そうなんだなって、一つ一つに、こう諦めでもないしね（うん）、それから、苛立ちでもないし（うん）、あるがままをその自分の中では受け入れられていて、そので、心が騒がないって状態が、この二ヵ月ぐらいずうーっと続いているんですよね。

Y―17―1 の解説

この回は、開口一番「落ち着いた気持ちでいる」と語っています。この気持ちは、とても大切です。Yさんは、この気持ちを何よりも分かってもらいたかったのでしょう。そして、すぐにそれを説明しています。「前みたいに気持ちが騒がない」というのがそれで、その内容を、自分の内部に気持ちを向けながら、「シーンと、あるがままに受け入れることだ」と語っています。Yさんは、自分をこの状態ではっきり見つめられるといいます。状況は前とまったく同じで、ちっとも変わっていないのに、でも、「それを自分の中で静観できる状態にある」と話し、この気持ちは二ヵ月ほど前からずーっと持続しているといいます。つまり、落ち着いた気持ちはこの二ヵ月間続いているということです。それは、投げ捨てたとか、やけ気味とかの状態ではなく、また、諦めでも、いらだちでもないといいます。むしろ、「そのままの状態を自分の中で受け入れていながら、そうなんだそうなんだという感じであるがままを自分の中で受け入れ、心が騒がない状態」だと言います。この状態がこの二ヵ月ずーっと続いていると語っています。

Yさんの状態は、一五回目に比べて変わりがあることに注目しましょう。

Y―17―5

cl.3　うん、前は、お雑巾がけしていても（うん）、お茶碗洗っていても（うん）、あの、お庭を掃いていても、絶えず、起きている限りはね、あの、絶えず絶えず、その思いで縛られて、がんじがらめだったの、私（うーん）。だけど、今は、そこら辺から、ちょっとね（うん）、そのがんじがらめのものからね、あの、解きほぐされつつあるみたいね（解きほぐされつつあるみたい）、うん（うーん）、そして、あの、平静な気持ちで〈間〉生きてるっていったらいいのかなあ（うん）、暮らしてるのね（うん、平静な気持ちで生きている）うん、うん、そこがちょっとこのひと月、ふた月のね（うん）、私と、私の、い、こう、毎日なんですよね。

Y―17―5の解説

落ち着いた気持ちでいる、という発言から始まったこの回は、その理由を述べていくことに終始しています。この部分は、以前がどのようであったかを語っている一つの部分で、しかも、そこからどのようにして抜け出したかを述べている貴重なところです。以前は、何をしていても、どうしたらいいかという思いにがんじがらめに縛られていて、身動きができなかったといっています。でも、ここから抜け出せるようになった感じ方、考え方の違いは、「解きほぐされつつある」という、受身の表現です。知的に考えているならば、「自分の悩みを解きほぐす」となるでしょうに。Yさんは、知的は計らいからはなれて、体の動きに身を任せたと考えることができましょう。そして、「平静な気持ちに到達できた」というのです。それがこの二ヵ月くらいの毎日だと語っていることに注目しましょう。

Yさん18回目

Y―18―1

cl.1　私は、やっぱし、この一年間ね、まあ、一年間ていうか何ヵ月か、春から、この、今までね（うん）、一〇ヵ月の間に、すごい脱皮ができたなあっていうふうにね（うん）、脱皮っていうか、なんて、蝉だったら、殻（うん）、こう、殻を脱げたような、そんな感じがすうーごくしてるのね（うん）。あのー、おなじ所をボートがね（うん）、池の中で、ボートが、あの、一つ所をぐるぐるぐるぐる回ってた時の自分がね（うん）、こう、目をつぶるとね、なんとなく、こう、いま、思い浮かぶんですよね（うん）。一つもそこから抜けれなくて（ええ）、何ヵ月、ああいうふうにね、私、その、そこら辺で〈間〉苦しんでいたんだろうなあと思うんですけれどね（うん）、なん、ある日、ふっと抜けでれたような〈間〉その、その、こう、ぐるぐるぐるぐる回ってたところが、非常に長く感ずるんですよね（ええ）。そして、何が動機だったのかね

（うん）。ふっと抜けでれた日があって（うん）、そして、ずっと、今も続いているんですけどね（うん）、〈間〉、自分をこう振り返ってみて、この長い時間ね（えぇ）、もうそれこそ、小さい時はともかくとしてね（うん）、結婚して、それから、主人が病気をして（うん）、そして、別れて（うん）、そして自分が一人で子どもを養わなきゃなんなくなってからのね（うん）、この、ずっと生きてきた中でね、私、すうごくね、自分をがんじがらめに縛っていた自分がいるのね（うん）。そして、その中で、私ね、身動きできないでね。それでも、こう、何とか動いていたけどね、（うん）、あの、そこらへんのね、うーん、生きてきたところとね（うん）、いまいる自分というのがね（うん）、何ヵ月しかたたないのにね（うん）、すごくこう、本当、自由なところね、出られたって感じなの（うん）。あの、肩の荷物だとかね（えぇ）、今まで、自分を縛っていたね（えぇ）、こう、がんじがらめに自分を縛りつけてたもの、パラッと、こうね、こう、解きほぐされて、そして、私、ふわっとこう、今、出れたっていう感じなんですよね。

co. 3　ふわっと、（うん）出れたって感じ。

cl. 4　これは何なんだろうなあ。〈間〉、あの、自分の思いっていうもののね、深さだって、何も、心配ごとだってなくなったわけではないのに（うん）、でも、こういうふうに、あの、気持ちが楽でいられるのはね、何なんでしょうねぇ。不思議でしょうがないんですよね。

co. 4　不思議でしょうがない。

cl. 5　えぇ、前と全然状態が変わっているわけじゃなくて……

Y－18－1 の解説

Yさんは自分の状態をとてもダイナミックに語っています。それは「この一〇ヵ月の間に、すごい、脱皮ができた」という表現です。それは、蝉の殻を抜ける状態にたとえられ、そんな感じがすごくしているといいます。それをダイナミックに表現するために引き合いに出された、自分は「池の中でボートが同じ所をぐるぐるぐるぐる回っていた」という表現がはっきりと示しています。そして、そこから抜けでたきっかけは、「ある日、ふっと」といい、「何が動機だったかわからないけれど」という意味のことを言います。この状態は、考えても答えが出てこないことを示していますし、それは、前回にも触れましたが、体の中の動きといえましょう。抜けでられた状態は、今も続いているといってから、少し間を置いて、自分を振り返っています。Yさんは自分の生い立ちかが脳裏をかすめたようです。これまでの自分の生活をざっと振り返って、「生きてきた中ですごく自分をがんじがらめに縛っていた自分がいて、身動きできないまま、どうにか動いていた自分」を振り返りながら、その当時の自分と、いまいる自分とが何ヵ月しか経たないのに、今の自分が「本当に自由なところ、出られたって感じ」と言っています。それは、「いままで自分を縛っていた、がんじがらめに縛っていたものが、パラッと解きほぐされて、フワッと、いま出れたという感じ」だと言います。「これはなんだろうなあ」とここでも言っていますが、分からず、不思議でしょうがないと結んでいます。体の動きが主になるところですから、ここにきちんと注目しましょう。

Y―18―6

cl.6　私、この六〇何年生きてきてね（うん）、ずいぶん自分を痛めつけてるんだよね。どうしようもないじぶんだなあとかね（うん）、どうしてお前って、そうなのとかね（うん）、自己憐びんだとかね、自分を哀れんだりね（うん）、もう、どうしようもない私が許せないっていうふうなね、ところでね、私ね、生きてきたと思うのね（うん）。でもね、なんとなく、この頃ね、この二ヵ月くらいね（うん）、すごーく、気持ちが楽にね（うん）、それは、それで仕方なかったんだなってふうなね、諦めでもないんですよね（うん）。これを何と、こう、説明したら分かってもらえるかなあと思うんですけれどね、〈間〉、不思議に気持ちがね、解っても落ち着いているし（うん）、安らかなのね、たとえばね、これからどんなことが、また起きるかもわかんないでしょう（うーん、うん）。事態がどんなふうになるかもわからないけれども、それはそれなりにきっとこう、自分が向かってね、あの、今の気持ちのままで、受けながら（うん）、そのそして、こう、行けるだろうなっていうふうなね、うん、気持ちなんですよね。

Y―18―6の解説

この回の展開の仕方は、前回と同じものです。ここでは、自分の六〇年あまりの人生を振り返って、この六〇年あまりの人生で私は自分を痛めつけてきたようだ、そして、自分を哀れんだり許せなかったりしてきたけれど、諦めではないけれど、それはそれで仕方がなかったのだと自分にとって具合の悪い、できることならばもう思い出したくない人生をきちんと認める発言をしています。少しの間、沈黙を置いて、「不思議に気持ちがね、とっても落ち着いているし、安らかなのね、これから、どんなことが起きるかもしれないけれど、それはそれなりにきっと自分が向かっていって今の気持ちのままでその事態を受けながら、やっていけるだろう」と発言しています。

これは、とても大切なことです。どんなことも、安らかな、落ち着いた気持ちで受け取れば、処理ができることを自分の体が教えてくれていることに、自分が気づいたからでしょう。

Yさん19回目（最終回）

Y―19―1

cl.1　う―んとね、私ね（うん）、今日も、汽車の中でね（ええ）、あの、いろいろこう、汽車の中の、ここへ来るまでの一時間、四〇分くらいの、とってもいい時間なの（うん）。私にとってはね（うん、うん）なんとなく、こう、ここへ車での気持ちの整理をしたりね、いろいろと大事な時間なんですけどね、来るまでにあ、考えたことね、私ってね、ものすごくね、あの、今まで、こう、自分の人生を振り返ってみるとね（うん）、いろんなことがあったでしょう（う―ん）。それこそ大変な挫折感をね（ええ）、何回も何回も味わいながら、生きてきてるんだけどね（ええ）、すごうく、這いずり方がね、這い上がり方がね（う―ん）。自分の這い上がり方がねすごく逞しいな―と、私、思っちゃったの（う―ん）、……

Y―19―1の解説

前回からひと月経って、面接に来る汽車の中で感じたこと、考えたことから話が始まっています。「私って大変な挫折感を何回も味わっているのに、そこから這いずって出てくる這いずり方、這い上がり方がすごく逞しい」と話しています。もう、前の月の静かなたたずまいではなく、ダイナミックな全身的な動きが充分に感じられます。この回の展開を思わせるようなダイナミズムがここにあります。こういう発言には「うん！」と、気持ちを引き締めていきましょう。

Y—19—5

cl.5　私ね、視点を変えたらね（うん）、人間、こんなにね、考えることが違うのかなっていうね（うん）、そういうふうなね、とってもね、すごく感動してきたのね（あぁ）。あぁ、人間って、強いんだなあっていうね（あぁ、うん）、あー、すごーい、私、今ね（うん）。この汽車の中の、四〇分がね、とっても、自己肯定って、あー、自分をね（えぇ）、駄目な自分だとか、ね、私の六〇年は、何だったんだろうとかね、自分を虐めて、虐めて、虐めていた、あの時とね、違うのね（えぇ）。あ、私ってすごく強いんだって。あの、間違っていたかもしれないけど、精いっぱい生きてきた自分をね、ものすごく肯定できるのね。（うん、うーん）。すごく強いんだなあっていう、あ、私はこれしか生きられなかったんだから（うん）、あの、その、ね、自分がこう、生きてきた六〇年はね、何だろうなんだろう。だから、私からこんな息子しか、育てられなかったんだっていうふうなね、そういう自分を、もう、ものすごく、虐めて、虐めていた自分だったにも関わらず、今はね、あ、私だから、そうなったんだ、かもしれないけども、でも、私だって、怠けてたんではないんだ、やっぱし、私の、あの時の生き方で、精いっぱい生きてたんだなあっていうふうなね（うん）、あの、うーん、自分を慰めているっていうかな、うーん、しかたなかったんだなあっていうふうなね、あぁ、一生懸命生きてきたんじゃないかってふうにね、あの、本当に自分を肯定できるね（うん）。あの、自分がいるんだね。そういう思いに浸りながらね（うん）、ずーっと来たのね、あの、汽車の中ね。

co.5　うーん、それが人間なのよね。

cl.6　いや、そういうふうに私、思えなかったんだね、あの、それが、人間なんだっていうふうにね、今、思えるの（うん）。前は、もうね、全然思えないの。自分が、も、もう惨めで、惨めでね、どうしようもない惨めなところにいるのね（うん）。ちっとも、状態は変わっていないのにね、自分がちょっと、こう、目が、こう、開かれたらね（うん）、そんなふうに思えるところが、こう、広がってきてるねの。

co. 6　目が開かれたらね。

cl. 7　すごい、暗闇の中で、身悶えしていた自分がね（うん）、ふっと明るいところに、ちょっぴりでも、こう、浮かび上がって、出れたっていう感じね。そしたら、そこから、また、道がね、開かれるんだなあって（うーん）気持ちね。

Y―19―5 の解説

「逞しい私」で始まったこの回は、ここで、「人間って強いんだなあ」から、「私って強いんだなあ」に映っています。そして、私は、自分を虐めていたあの時の自分とは違うといい、「精いっぱい生きている自分を肯定できる」と続けています。とても強い自分を肯定できるのです。この変化は、何ものにも変えがたいもので、Yさんの自信を作り上げています。前の、あらゆることに自分を虐めて、かくあるべしのような理念を振りかざして生きていた自分も、「私だからそうなったんだ」「私だって怠けていたわけではない。私だって、あの時はあの時で精いっぱいやっていたんだ」とあの時の自分もきちんと肯定しています。これは前回にもみられたものですが、この回は、さらに強く響いています。「一生懸命生きてきたんじゃないかってふうに、本当に肯定できる」というのがそれです。「そう思いながら、汽車の中でずーっと座っていた」といったあと、それが人間なんだ、と続けています。（ただ、カウンセラーさんの〝人間なのよ〟という発言の方が早く、クライエントさんは一瞬戸惑ってますね）六〇年もの歳月があってここへたどり着いたのです。「自分が惨めなところにいるという、状態はちっとも変わっていないのに、自分がちょっと目が開かれたら、そんなふうに思えるところが広がってきてる」という発言にも、「すごい暗闇の中で、身悶えしていた自分が、フッと、明るいところに、ちょっぴりでも浮かび上がって出れたという感じ」で、「そこからまた、道が開かれる」という気持ちの表現には、もう、昔の自分はいません。自信に満ちあふれた、強いYさんがいます。そして、その強さは、弾力的で、けっして事態を一面的にとらえるような状態にいないこともまた分かります。Yさんは、自分で苦しんで、努力をして、この状態にたどり着いたのです。カウンセラーが少し気持ちがぴたりと来ない発言をしていますけれど、そんなものはYさんにとって何にも気持ちを妨げるものになっていないようです。

カウンセリングは、概してこのような経過をたどります。そして、これは通信教育でおこなわれたものです。が、月に一回の添削だけでも、このような成果があります。おしまいに、この事例を載せることを承諾してくれたYさんと、その相手のカウンセラーのお二人に、心からお礼をもうします。

〈参考文献〉

飯塚銀次・中沢次郎編著、一九七六、カウンセリング、芸林書房
飯塚銀次、一九七三、人間探究と創造性の開発、高陵社書店

第六章　カウンセリングの能力を身につけるには

この章では、前章で申しあげたカウンセラーに必要な基本的態度三条件をどのようにして身につけるかということに絞ってみたいと思います。前章で問題になったことは、まず〝きいてみましょう〟ということでした。この「きいてみる」ことにはじまって、あとの二つの条件も併せて己のものとすることこそ、何にもまして肝心なことと考えます。

第一節　実践のための心構え

第一項　クライエントに寄り添うために

クライエントはやむにやまれぬ状況に陥って来談するわけですから、なんとかして一日でも早く問題を解決したいという切ない願いがあります。できるだけ早くそんな状況へ到達したいという願いがあります。それはクライエントの成長力の現れなのですが、困ったことに、すぐにも答えを欲しいという状況にあることもまた事実です。しかし残念なことに、個人的な私的な悩みには、それにピッタリするような答えは存在しないのが普通ですから、クライエントから答えの要請があっても、カウンセラーはどうすることもできません。無理をして答えを出しても、それは一般論と呼ばれる概念的なものになってしまいますから、クライエントの心からの満足へ至るには無理なことです。ただ、クライエントの語ることに虚心に耳を傾け、彼の伝えたい気持ちを受け取るしかありません。

ひとつ、例を挙げてみましょう。

「L3　私のこと、なんか避けてるみたい。言葉は忘れちゃいそうな気がするんです。話があわないと、あわなきゃいけないでしょうね。人間の世界だから。でもなんかしゃべりたくないんです。お部屋の中で、こうやって四人並んでるんですね。私が窓から二番目で、三人いるんですね。こう話してて、なんか自分が一人でここにぽつんといても、ちっともおかしくないような気がして。で、昨日も部屋の子聞こえよがしに〝Lがどこにいるのか分かんないから、だからほんとにいつ帰ってきて寝たのか分かんないわ〟っていうから、私はそんなつもりはなくて、出て行く時には、〝食堂に行くからねっ〟いって出てくるし、帰ってくる時は、〝ただ今っ〟てかえってくるし、きのうも私があの、10時半に点呼出てから、そして、消灯だしね、だから、そのあとの仕事なんか残っていたりすると、食堂へ行くんです。皆寝ちゃって、悪いからと思って、そっと入って自分の仕事して、自分のベッドに寝るんです。それがそんなに悪いことかなあって考えるんです。やっぱりひと言声かけるべきなんですか。」

これは、ある女子短大生との面接の二回目のものです。このLさんの気持ちはどこにあるでしょう。Lさんに添っていくためには、どうしたらいいでしょう。彼女は、ここでは、

1　言葉は忘れちゃいそうな気がする

2　自分が一人でここにポツンといてもちっともおかしくないような気がする

というように自分をとらえていますね。この発言は、今、目の前に座っている彼女の積もり積もってきた状況です。この状況の具体的な説明をしてくれています。それは、あれこれと気をまわしている姿です。たとえば、

1　出ていく時は、〝食堂に行くからねっ〟て言って出てくる、帰ってくる時は、〝ただ今っ〟て帰ってくる

2　皆、寝ちゃってるからと思って、そっと入って

というあたりです。

彼女は一生懸命に気を配ってほかの人のことを考えて生活をしています。でも、彼女の気持ちは言葉で表現されてはいません。そして、終わりに、「やっぱりひと言声かけるべきか」と尋ねています。ここで、カウンセラーはどうしたらいいでしょう。カウンセラーが捕えたLさん像を述べても無駄でしょう。カウンセラーの考えはどうでしょう。これはもっと無駄です。どう言っていいか分からないのがここでのカウンセラーです。

カウンセラーとしてはその無力さを嘆くことになるのですが、実はこの答えがないということは、カウンセラーが、クライエントのもっと深い、どうしようもない心情を感じ、それに応えようという姿勢を採ることしかできない状況を指していると考えることもできます。

ここでは何と言っていいか分からないのですから、何も言わずにきき続けることになります。ここではカウンセラーが述べられている事柄のほうに応答せず、心からきいているというサインを送ればいいわけです。具体的には「うん」または「ひと言声かけるべきなのか」と、ぽつんと言うほかありません。分からなければ無理に勝手な言葉を使って分かったふりをしないことがいいようです。答えがないということは、カウンセラーがクライエントの困ったことをあたかも彼が困ってい

るかのように感じ取ろうとすることを指していますし、このようにきき続けているとクライエントは必ず自分の気持ちを表現してくれるからです。

「Ｌ４　一生懸命、私は私なりに、皆に迷惑をかけまいって〈数語不明、涙ごえになる〉努力をしてるつもりなんです。でもなんか無駄な努力だったような気がして、凄く辛いんです。……」に示されているように、彼女の真意は「自分が皆のためにと思ってやってきたのは、無駄な努力だったような気がして、凄く辛い」というところにあることが分かるのです。話をきいているうちに、ここへとても近づいていた方もおいでてでしょう。結果的に同じでも、基本的にはクライエントが言ってないことは分からないことですから、まずはきき続けるのがいいのです。

これが分かったら、そこで「ずーっとやってきたのが、なんか、無駄な努力だったような気がして、凄く辛いんだね」と言えばいいことになります。このようなカウンセラーの動きを『クライエントに添っている動き』といいます。それは、クライエントの魂の叫びにこのうえなく謙虚に耳を傾けることによって感じ取ることで、クライエントを理解し、同時に、クライエントの悩みを分かち持つことによってクライエントが再びより豊かな人間になっていく努力を奮い起こすように寄り添っていくカウンセラーの態度の表明なのです。

クライエントの命の叫びに耳を傾けるということは、その叫びがきき取れるように、こちら側を整えておくということなのです。

第二項　気づくということ

クライエントの叫びに気づくことが大切だといいました。気づくというのはどういうことなのでしょうか。

気づくきっかけは、自分の外にある事柄、外界にあるものであるということがまず心に浮かびます。「あの人の笑顔に気づかなかった」という表現がそれです。その笑顔はなにも今に始まったことではなくて、いつもあった笑顔かもしれません。それまでその笑顔に気づかなかったということは、こちら側の内部の状況の問題らしいということになります。

私たちは気づいた時、感激したり時には涙が出てきたりします。場合によっては恥ずかしいことだってありましょう。どうやら自分の心のある状態に、自分が目を開かされたとでもいったらいいでしょうか。あるいは自分の心が動いて、いつも見慣れているものなのに、まるでまったく新しいものでも見るように知覚したとでもいいましょうか。そのような時には、必ず大なり小なりハッと息をのむようなことが起こっていて（短い間続くこうこつ感）、こちら側で〝目が開かれた感じ〟〝目から鱗が落ちた感じ〟などの言葉で表されるある種の興奮が伴っているようです。その興奮は、自分の外にある人間や事柄によって自分の中の何かが動いたのだから、自分の中で動いた「何か」が問題になってくることを示しているようです。

では、どういう時に気づくのでしょう。私たちが過去に何かに気づいた時を思い浮かべてみると、その時の体の状況はどうも自分なりのペースでリラックスしていたようです。自分がなんら防衛をしなくて済んでいる時、自分が充分に開かれている時ともいえるようです。このように考えてきますと、自分の心と体のつりあいの何かが、気づかせたり気づかせなかったりさせていることが分かります。

自分の中の何かが気づかせるのだと分かりましたら、自分の中に気持ちを向けた時に体自体が気づきやすくなっていると考えられます。私はこの何かを直接に体験することによって気づかれるものだと思います。気づきは体験と結びついていると考えています。

はじめて訪れた場所のはずなのに「この景色、どこかでみたことがある」と感じたことがありませんか。人違いなどをしたことはありませんか。こんな時、何か外界から刺激があってそれに反応したのですから、何かが自分の中にあって、それが現実の刺激に反応したことがわかります。自分の中にあるものは、現実のものと同じではないのに「これだ」となって出てくるのですから、きっと以前に似た体験を何度も何度もして、時間とともにその体験のもたらしたものはすっかり忘れてしまっているように思えても、記憶がちゃんと残っていて、とても似た外界の刺激に触れて出てきたのだといえましょう。時には、記憶と光景とがきちんと合う時もありあす。

つい先頃までおこなわれていたとても人道的な「中国残留孤児」の肉親探しの旅が私に残したものがあります。彼らが来日して、肉親・親類縁者と呼ばれる人たちと話し合いをする時に、この気づきが出てきます。お互いに顔を見ていたり、体つきを見ていたりするうちに、あるいは、ひと目あったらすぐに「死んだお母さんにそっくりだ」「顎の形が従兄弟の何何とそっくりだ」「あそこにある傷は、子どもが小さかった時に私の不注意でつけたものだ」などの記憶がよみがってきます。このように、特別な刺激が心の中深く沈んでいた体験の記憶を甦えらせる事実があります。つまり、外界の刺激が自分の心の奥底を揺り動かしたのです。奥底にあるものに外界の刺激が直接到達したのだともいえます。このように奥底にあるものは、刺激の質によっていつでも動き出すようになっているのですね。

もう一つあります。自分がいま体験していることが自分の理想像とずれている時、そのずれが自分の成長力をつついて本来のやり方を導き出すものです。自分のやっている行動が、自分に心の底からの喜びを運んできていない時、「こんなことをしていては駄目なのではないか」という自分の心の奥底からの叫びが出てくるのです。私は、この力も成長力と思っています。成長力は、いつも意識の下に沈んでいて、現実の自分の行動がそれに合わないと「これはおかしいよ、これはおかしいよ」と自分を刺激し続け、その力があるところまで大きくなると「あぁ、こうやってたら自分は駄目になるな」というふうに気づかせてくれると思っています。

以前、私がオランダとオーストリアへ全部で一三人の若者たちと一緒にいった時のことです。彼らの中に、三人の肢体不自由者がいました。そのうちの一人が脳性麻ひの人でした。この人は活躍している人で、すばらしい人なのですが、足を引きずってよたよたとしか歩けません。もちろん走ることは彼なりのスピードでできますけれど、いつ転ぶかはらはらして見ていないといけない感じなのです。そういう状態の三人が一緒にいました。どうしても、その人のペースで行動がなされていく傾向になってしまいました。四日目くらいになって、グループのリーダーがもっと早く行動をしなければいけないと言った時に、彼はとても困った顔をしていました。彼はそれを実行しましたが、それには限界があったのです。朝は早く歩くのですが、夕方になると彼特有の靴を引きずる音が聞こえてきます。私は彼のような障害者ではありませんから、彼の心は分かりません。でも、その靴の音は私の心にとても痛みを持ってきてくれました。私はこっそりとリーダーに告げました。彼もうすうす理解していて、それからは早くという言葉をけっして言いませんでした。

この、私の心の痛みは何かがおかしいと私に告げていたのでした。

第二節　実践時の核心

第一項　体験過程に気づくために

わたしが心の痛みを覚えたことを、もう少し深く感じてみましょう。その旅行の時、私が脳性麻ひの彼を可哀想にと思っていたわけではありません。はじめは、一生懸命に頑張っている彼を見て、なんとなく嬉しい気持ちがしたのです。でもこの嬉しい気持ちは、混じりものがはいっていたようでした。彼がリーダーに言われた注意を、そうだと感じて頑張っているのを、よしとする混じりものです。

でも、彼の頑張りは彼の体の動きのリズムやペースからは、離れたところにいくことを要求していました。彼は、それに気づいていなかったのですけれど、彼の中には明らかに知的なもの（べき姿）が優先されて、彼の体の動きの方を無視する結果を生みだしはじめていたのでした。彼の気づかないうちに、体の方が反発してリズムがおかしくなってきたサインを出していたのでした。靴の音がそれです。彼は頑張っていましたけれど、靴の音がそれを告げていたのでした。私の体の中の何かがそれに反応したのです。

その頃、私は彼の動きを素直にみていました。ですから、彼の内部分裂とでもいったらいい状態がそのまま入ってきたのでしょう。私の中で何かが動きはじめました。これがさきほど申し上げた心の痛みと私が名づけたものです。これは、体の動きという形になって出てきました。秘かなサインを出して体が動くのです。私たちはそのサインを敏感に感じ取る感受性があればいいのです。

どのような時のこの状態に感じることができるでしょう。「体の動きに合わせて自分が動いていると、体の動きのリズムがちょっと変わった時、一つのサインになって感じられる」といわれます。

体の動きに合わせて体が動くとは、どういうことでしょう。私たちの体の中で、常に動いていることが分かる部分は、心臓の脾動と呼吸です。呼吸にあわせて、自分の身体を動かしてみると、身体には一定のリズムがあることが分かってきます。心臓の動きは、これに比べると分かりにくいのですが。

もう一つあります。それはお話そのものです。気分がいい時、話言葉はそれを映し出しますし、気分が滅入っている時は、まったく別にその状態を映し出します。話される言葉の速度、抑揚、高低、強弱などがその時の気分を現す要素です。

自分が嬉しかったり、悲しかったりしている時の言葉遣いは自分だけのものですけれど、その中に流れている何かがあります。私はそれを「いのちの流れ」と呼ぶことにしています。その流れは、嬉しさ悲しさの中にじっくりと浸っていると自分に伝わってくるもので、なぜなのかは分かりませんし、体の動きとしか表現できないのです。

静かな気持ちで体の動きに耳を傾けていますと、平常のリズムと違うものが感じ取れます。それをできるだけ素早く、正確に感じ取り、言語化することが大切ですし、その何かが体験過程と呼ばれるものでしょう。自分の体の動きに気づけるようになったら、同じ方法を使って目の前にいる相手の体験過程に気づけるようにしていくことも可能です。具体的には、相手の話し言葉をそのまま口の中で相手が話したのと同じスピードで唱えてみることです。一見馬鹿げているように見えますけれど、実際にやってみると相手の体験過程によりスムーズに近づけるようです。しかもこのやり方は、対象が自分から相手という他人に変わっただけで、そのほかはまったく同じです。相手の人がいましがた喋ったことを無批判に口の中で唱えてみることは、不思議なことにあたかも相手の人になったような気がしてくるものです。相手の体験過程によりスムーズに近づける時は、こちら側に知的なものが働いてない時なのです。

体験過程はその根拠をとても生物的な領域に持っています。体験過程は心理的な領域には存在しません。なぜならば、体験過程がいのちの流れの別称だからです。たとえば、話を聞いたあとにすっきりしたりほっとしたりする時があります。これは、体験過程レベルの反応がそうなったことを示しています。

体験過程とはどんなもので、どのようにしたらそれに気づけ、それを身に付けることができるでしょうか。前の話でもお分かりのように、体験過程は私たちがある状態になると出てくるのですから、まず私たちがある特殊な状態になった時に、自分の体の中にある何かを感じてみればいいのです。その時に感じるのですから、考えないことが大切になります。

たとえば、計らいがないとか、自分の価値観や自分の人間観を自分が確信していたり、それを認めていたりする時や、自分という人間がもっとよくなる方に向かって動いているのに満足している時、私たちは自分が安定していることを実感します。安定というのは静かになっているのではなく、ダイナミックであることを示していますから、見かけは静かでも中ではいつも生き生きと動いているということになりましょう。

このように考えますと、体験過程はとても大切なものであることに気がつきます。これを意識的に気づけないでしょうか。私は気づくことができると思っています。

第二項　体験過程の特性

体験過程はジェンドリン（Gendlin,E.T）によると、「人がこの瞬間において、今ここで感ずることにほかならない」「変わりゆく感じの流れ」「一つの主観的過程」「治療過程に関する一つの変数である」とされています。そして、その特質は全部で六つあるといいます。ジェンドリンに従ってそれらを一つずつ説明していきましょう。

一　体験過程は感情の一つの過程である

前に体験過程は理性的な知性的なところにその根っ子をもっているのではないといいました。理性的知性的な要素は、人間が安定し思考を豊かに発達させ発展させるためには格別の要素ですが、情動のレベルの安定がなくては無理です。アッ、ウッ、エッ、オッ、ハッなどの言葉で表現される心の動きは、正にこのレベルでの気づきを示しています。この気づきは体の動きを示すもので、この時には、それ自体はすぐ言葉にはなれません。言葉になれないということはその動き自体が概念の世界の動きではないことを示しているからです。つまり、このレベルの気づきは感情の一つの流れから出てくるもので、体験過程は感情の流れそのものという形であらわされます。

一目惚れしてジーンと身体に電気が走ったように感じた瞬間は、体験過程が動いていたことを示しています。

ジェンドリンも「体験過程とは、感じられるものであって、思考されたり、知られたり、あるいは言語によって表現されるようなものとは異なっている」と言っていますが、それは正にこのことを指していると思います。

二　体験過程は現在この瞬間において生起する

これは、気づかれる時のことをちょっと考えてみるとすぐに分かります。現在のいまこの瞬間に気づかれるという特性は、たとえばサラミソーセージを輪切りにしたところをイメージしてみるとよく分かります。白っぽい塊、黒っぽい塊、そのほかいろいろな形の塊が目に止まります。そして、その脇にとても小さな粒々があちらこちらに見えます。その塊を一つ一つの概念と考えましょう。中には少しひしゃげているものもありましょう。これは概念になりかかっているものと考えてみることもできます。これら概念の素の粒は、それのみでは概念に成長しません。それらは、ちょうど、宇宙塵が核になってその周囲に水蒸気が付着し、徐々に大きくなりもっと付着するともっと大きくなり、という具合に、少しずつ変化が繰り返され、とうとう空に浮かんでいられなくなって地上へ落ちてくる時、その途中の気象条件によって、いろいろな形の雪になったり、時にはあられやひょうになるのとよく似ています。

すなわち、小さな核が、周囲の概念の動きに刺激されて、少しずつ成長し、ある時、ウッ、ハッ、ホッ、エッ、などの表現で気づかれるようにして現れるようになると考えることができます。ここに体験過程が在ることがいえましょう。

この気づきは、非常に生理的、生物的なものです。体験過程はジェンドリンも言っているように、特性とか、複合概念とか、傾向といった、ある個人に関する一般的属性ではありません。体験過程に気づいた時は、外側に気づいたのだということで、その内容はまったく不明です。何かあるけれど分からないということですからその気づきは、身体的、生理的レベルのものです。

この気づきは今の瞬間に起こります。ちょうど、茶きん寿司を外側から眺めている時と同じでしょう。外側は感じられるけれど、中に何が入っているかは感じ取れません。その状況を温かい気持ちでじっと見守って触れ続けていますと（寄り添っていますと）、フッと外側の紐が解けて、中味が目の前に現れます。その瞬間に私たちの中に起こったものが、アッ、という声になります。このアッといった瞬間は現在です。これがその次の瞬間では、たとえば、赤、白、三角、車、本などの表現のように、その感じにふさわしい概念が当てはめられて新しい概念が誕生します。この時には、自分の中に前からあった概念が働きます。概念は知識やそれらの働きといってよいものですからその特性としてはすべて過去形です。価値観といわれるものも皆同じです。これらはいつかどこかで（There and Then）といわれているものです。体験過程はそれら気づきの一つ一つの瞬間ですから、現在の瞬間にいることは正にその瞬間に気づかれ、感じ取られるものということがわかります。

三　体験過程は一つの直接的なレファラントである

ジェンドリンはこの項目について「体験過程は、ある個人によって、彼の現象的場（phenomenal field）における一つの感じられた素材（a felt datum）として、直接リファー（refer）されうるものである」と言っています。そして「体験過程それ自体は、もちろん私的な外からは観察できないことである。しかしながら、身振り、声の調子、表現様式、並びに言葉の文脈を観察することによって、しばしば、体験過程に直接リファー（refer）していることを知ることができる。」といいます。これは、体験過程がその人の中に存在していることに気づいていなくても、体の動きとして自然に外へ現れていることを示しています。その環境がその人にとても自由なものとして知覚されると、引き続いて体の中に気持ちを集めることができるようになっています。

アレッ、オヤッ、と感じる時は、このような雰囲気がその人の周りにありますし、その時、私たちは知らず知らずのうちに気持ちの焦点を自分の中に向け、体験過程を捜しています。それは、私たちの体の中にどこかで、何かが動いているのに気づいたことを示し、それを体験過程に照合(refer)しているといいます。体験過程は照合される対象物ですから、照合体(referent)ということになります。知的な配慮で体験過程に迫っていても、体験過程そのものとはその出発点においてすでに質が違いますから、それに気づくことはできません。とても素直な気持ちで、オヤッ、アレッ、に触れ続けるようにしてその状態を持続させますと、体験過程が動いてその動きを感じ取ることができます。

四　体験過程の動きに導かれて、概念化がおこなわれる

これは、私の体験を例に引いて説明しましょう。以前、私は、月に一回、新幹線で二時間かかる都市の、カウンセリング研究会に参加していました。私の家から新幹線の駅まで一時間三〇分程かかります。一〇時に現地に到着するためには、私は家を六時三〇分に出なければなりません。ある月のこと、前日の所用がなかなか終らなくて、遅く床に就くことになってしまいましたので、念のために、目覚まし時計を二つかけました。朝の五時三〇分と、六時ちょうどにです。目覚ましが鳴ったのは覚えています。〝うん、五時三〇分だな〟と判断して、ベルを止めました。なかなか止まってくれませんでしたけれど、やっと止まった時、〝もう一つ六時に鳴るから、それで起きよう〟

と思ったのです。気になっていることがあると、熟睡はできません。なんとなく、ウトウトしていました。〝どうも、もう一つ鳴らないな〟と思って、薄目を開けて、目覚まし時計に目をやった時、時計の針が六時二〇分になろうとしているのが目に入りました。その瞬間、ビーンと体に何かが走って、ガバッと跳ね起きていました。次に出てきた言葉は〝しまった〟でした。〝遅れた。どうして目覚まし時計は、鳴らなかったのだろう。〟という言葉はそれから、ほんの少しですが時が経ってからでした。それからは、何かを考えている暇もなく、慌てて用を片付け、家を跳び出し、やっと研究会に間に合うことができました。

私はこの体験から、体験過程が動いてそのほんの少しあとから、言葉が追いかけて出てくることを学びました。体験過程の動きは、いつも概念に先行します。ですから、体験過程の動きがほんの少しあとに言葉になり、それから文字になっていくのです。そしてその言葉は、きちんとした文章になるようなものにはなっていませんから、文章はそこからまた少しあとになります。これは、どちらかといえば叫びに近いものです。私たちはこの概念よりも前をいっている体験過程をゆったりとした気持ちで感じ取り、その流れにもっともあった言葉を見つけて、表現することに努めると、とても爽やかな気持ちになれると思います。

別の角度からこの動きを体験することもまた可能です。意識的に身体の内部にreferしてみましょう。身体の動きが言葉になってでてくるように自分の内部に働きかける、自分の内部を味わってみるということです。その動きから、今しがたお話をした流れとは違った別の要素があるのが感じられます。身体の動きはそのまますぐにピタリとした表現にはなれないということです。出てきた言葉がその時の身体の要求にピタリでない時が起こるのです。その時は、要求にピタリとした感じではないのですから、もう一回元へ戻って感じ直し続けてみるといいです。これを何回か続けていくうちに、その時の身体の感じがピタリと言葉になります。基本的な接しかたは前と同じですから、繰り返しません。

ただ、一例を挙げてみましょう。

たとえば、先日子どもが「お父さん、こんなメロディーの作曲者知ってる?」と言って、ある旋律を口ずさみました。どこかで聞いたものなのです。身体は知っているのですけれど名前が出てこないという、妙な感じがしました。「この妙な感じはなんだろう」と思って、じっとそれに触れ続けていますと、ポカッと、グローフェという名前が出ました。そして、同時くらいに、いやそれじゃあないようだぞという動きも出てきました。そして、同時くらいに、いやそれじゃあないようだぞという動きも出てきました。この動きはとても不安定なものでしたから、「これはなんだろう」と、もう一回感じ直してみたら「ヘンリー・パーセル」という、思ってもみなかった名前が出てきました。「いや、これじゃない」ということでもう一回試みていると「ブリッテン」という名前が出てきました。身体は楽になったのです。やはりここでも身体の動きが概念形成よりも早くて正確なんだとも納得しました。

五　体験過程は豊かな意味を暗に含んでいる

体験過程は感じられるものだといいましたし、この上なく素直に感じるところに焦点を合わせ続けていると、そこからポッと言葉が出てくるともいいました。これはもともと体験過程にそういう要素があったからだといえます。つまり体験過程は、言葉になれる要素を含んでいるということです。この上なく素直に感じ続けるという動きが体得の鍵なのですが、これを言葉で表すと単にじっくりと感じてみましょうになります。この動きはしかも、言葉になって初めて私たちに分かります。私たちは、自分の感じが実は「ウーム、こうだったのか」と分かるのです。これは、見方を変えると結果論ですね。

前の例にもありましたように、私たちの感じは常にピタリとした言葉になって表されるわけではありません。メロディーを聞いた時に何かある感じが身体の中でしました。でも、それがなんなのかは分からないままでした。私もメロディーを口ずさみながら、この不安な感じの元はなんだろうとそこに焦点を当てていたのでしょう。「グローフェ」が出てきた時は、すぐこれではないという動きが起こりました。またメロディーを呟きながらその感じを味わっていますと「ヘンリー・パーセル」になったのです。ちょっとした驚きでした。〝まさか〟という気持ちでした。でも〝この人でもない〟という感じが起きました。またメロディーに……という流れが続き、「ブリッテン」が出てきたのは感じ続けてから五分も経っていたでしょうか。この名前が出た時私はホッとして、このうえ考えたり、感じたりすることを止めたのです。

体験過程はたくさんの暗黙の意味を持っています。その中で唯一つがピタリなのですけれど、そこへ至るまでにたくさんの「そうじゃない」という気持ちを持ってくる表現が生じます。その過程は、手品使いがシルクハットから次々に取りだす万国旗に似ているといえます。おしまいの旗を出すためにその前の様々な旗があるがあると考えたらどうでしょう。体験過程の言語化は正にこの過程です。ただ万国旗と違うところは、次に登場してくる概念は、その前までのものが体験過程をピタリと指し示していないという事実（身体の感じ）の元に再び感じ続けていくという過程をとおること、感じ続けていてもポッと言葉になるのかどうか、どんな言葉が出てくるかは一切不明だということや、感じ続けていく時間の長さがそれぞれ違うということなどです。これらに共通する留意点は、体験過程へ直接触れ続けること、常にこの上なく素直で温かい雰囲気を保ちながらおこなうことです。

この条件が満たされると気持ちの表現という次の旗が出てきます。

六　体験過程は一つの前概念的・有機体的な過程である

前の項目までは、体験過程は常に感じられるところにあることを前提としてきました。ジェンドリンは「感じられた素材についての体験過程が意識的だから、クライエントはそれを感じ取り、照合し、正確かどうかを検証し、正確なものを生み出すことが可能なのだ」といいます。これは体験過程の持っている暗黙の意味、含蓄が気づかれるものであるけれど、同時に体験過程が自由に動いているためでもあると考えることができましょう。だから、体験過程と何回にもわたる照合の結果が大切になってくるのですし、そこから言語化の特有の現象が起こってくると考えられます。

ジェンドリンはこれらがもつ多くの暗黙の意味・含蓄は前概念的（pre-conceptual）なもので、気づかれてはいるがまだ分化されていないと考えています。彼はフロイトがいう無意識的なものやそれに関係して出てくる抑圧が関係するものと前概念的なものとを分けています。

このように述べてきますととても分かりにくくなってしまいます。一体どういうことなのでしょうか。

私たちが日常何かを話す時は、あらかじめ、心の原稿用紙にきちんと何かが書いてあって、それを読みあげていくのではありません。こんなことを話そうかな、という大まかな枠組みがあるだけで、細部については分からないのが普通です。そして、いざ話しはじめると、細部が口を突いて次々と出てくるということを体験をとおして知っています。心の中に何かルートができ上がっていると、この過程はたやすくおこなわれるでしょう。でもあまり必要でないと思われるできごとや、注意を惹かないようなできごとは当面不必要ですから、俗に忘れるという部分に入ってしまうと思われます。私はこの部分はなかなか意識化されにくいところであると思っています。ちょうど、地図で水深を色の濃淡で現していることを考えれば、心も同じようにみることができましょう。

私は、前概念の状態はその人の心の在り方で違うものだと思っています。下のほうはなかなか気づかれないから、便宜的にそのあたりを無意識というのだとも思います。そして抑圧はその人の知的な産物だから、人間が知的に走っている間は、抑圧で悩まされることがあるでしょう。でも、元来体験過程は生物的な要素をもったものですし、体験過程を人間関係によって豊かにしていこうというのだから、抑圧がある間、その人は体験過程に気づけなくなっています。素直になれている度合い応じて前概念の内へ入っていける程度が決まるのだと思います。それは元来体験過程が前概念の所にあるからです。

第三項　体験過程への気づき方

前の項目で、体験過程は気づかれるものであるといいました。そして気づきやすいような状態を作ること、言い換えると、体験過程が自由に動けるように身体を整えることが大切だといいました。意図的にそのような状態を作るとしたら、どのようにするといいでしょう。一〇年前と一昨年に二度来日して、新しい意図的な気づき方を伝授してくれたジェンドリンがいう、フォーカシング（Focusing）こそがそれだといえるでしょう。それを分かりやすく述べてみましょう。そして、もちろんこのやり方だけではないことも付け加えましょう。フォーカシングは誰にでもできるやり方だと思いますので、ここで紹介いたします。

フォーカシングは日本語に直すと、焦点付けといわれます。とても知的に理解しやすい概念です。それは、個々の人の過去の経験の中に「あぁ、きっとあのことだ」というような、思い当たる節があることが多いため、それ以上その語られるとおりに体験しようとしなくなるほどのものです。知的なところにいると、いつまで経っても焦点付けがきちんと理解されないまま放置されている姿をみることができます。焦点付けは、実際に実践しなければ頭でしか分からないものです。ではどのようにしたらこの技法が身につくでしょう。ジェンドリンは次のように六つの基本的なステップを示していますし、必要に応じてその簡易法も開発しています。

A　リラックス（Relax）

第一番目にやってくるもので、身体をリラックスさせることです。どうしてこのステップが必要かといえば、体験過程の性質が生理的、生物的な次元にあるのですから、体験過程に気持ちを集めるためには、身体が一番大切になってくるからです。身体がリラックスしていれば、身体の状態にたやすく気持ちを集めることができます。

そのために、具体的には深呼吸をしたりします。その時に、腕を上下に上げ下げしてその効果をはかります。これは、ウォームアップの意味をもちますが、これがうまくおこなわれるかどうかは次のステップに影響がします。リラックスは、気の済むまでやります。

B　ホールセンス（Whole Sense）

体の感じを全体として感ずることです。そのためには、体に自分をあずけておくことが必要です。何も考えずに、ただ身体の感じに焦点を合わせることを意味しています。そうすると、全身に広がった感じを感じることができます。ただこう言っても、頭で分かるだけではいけませんから、実際にこの段階をマスターするために、とっても自分に優しくなって下さい。たとえば「やあ、今日わ。僕はいまここにいるよ。いま、君はどんな感じているのかな?」などと自分の体に向かって、あたかも小さな親友に呼びかけるように口の中でいってみましょう。そして自分から答えを出すことなく、質問、呼びかけに、どのように自分の体が応えるかをじっと感じてみましょう。感じに浸るといっていいでしょう。

C　フェルトセンス（Felt Sense）

ホールセンスの状態にいると、どこかに拘りがあったり具合の悪いところがあったりすると、そこが特別に感じられます。ある時はそれがしこりになったり、またある時はそこだけが妙に動いたりして感じられます。そこだけ何か特別の感じがするということです。体験過程が何かあるよといっている印ですから、そこにじっと気持ちを集めてみましょう。それはたとえば、とても壊れやすいガラスの玉のようなものですから、その感じをそーっと手のひらに乗せるようにして大切にしてその感じを味わい続けましょう。

そうしていると、この感じは必ずひとりでに動きはじめます。動きはじめるまでじっと温かく触れ続けてみましょう。この段階が焦点付けでは一番大切ですから、じっくりと取りかかりましょう。また、もしも幾つも幾つも、特別に感じられるものが出てきたら、それらをどれもこれも大切にして、その中から一つを選びましょう。そしてそのほかは「もう少し待ってね」という具合に対処しましょう。一度にひとつの気持ちを大切にすることがいいのです。

D　ハンドル（Handle）

じっと待っているとその気持ちが動き出します。その時フッと一つの言葉が出てきます。それはその感じが生み出したことばですから、とても大切なものです。このようにいうと、とても簡単にすぐにでも言葉が出てくるように思えますけれども、そう簡単に言葉は出てきません。じっと待っていること、感じの動きに合わせそのリズムに合わせてそのまま揺れ続けてみることがとても大切です。出てきた言葉がどのようなものであれ、その言葉はその感じの何かを表しています。それを大切にしましょう。その言葉が手がかりになって、何だか分からない感じがハッキリしてくるからです。感じを引き連れているともいえますね。

E　共鳴（Resonate）

出てきた言葉がその感じを本当に代表しているかどうか、確かめる必要があります。その言葉で自分の気持ちが「ウン」というようになるかどうか味わってみましょう。もしも、ちょっとでもからだの中にひっかかりのようなものがあったら、自分が困るのですから「この言葉はこの気持ちを代表しているのかな」という具合に、気持ちの中へその言葉を戻してみましょう。戻したら、また、じっと待ってみましょう。もし別の言葉が出てきたら、その新しい言葉がその気持ちの新しい代表ですから、その新しい言葉に換えます。この試みは、同じ言葉が出てくるまで続けます。同じ言葉が出てきて、何回試みてもそうならば、そこで感じたフェルトセンスはその言葉で代表されていることがわかります。このような動きを共鳴といいます。

F　シフト（Shift）

共鳴させた時に今しがた浮かんできていた言葉よりも、別の言葉が出てきた時、そこにシフトが起こったと説明します。シフトは、消極的否定的な表現から、肯定的積極的な表現へと変化していく傾向をもっています。ですから、シフトが続いて起きる時には、必ずおしまいがとてもいい気持ちになっています。また、じっと暖めている時、突然とっても大きなシフトが起きる時にも出会います。それをビッグシフトと呼んでいます。シフトが起きる時は、人によりますけれど、たいていはその感情を表す表現に感動して、大きなため息をついたり、ワアァッと怒鳴ったり、涙がにじんできたりします。

G　休憩（Break）

AからEまでの段階で、思ったようにうまくプロセスが進まない時、またシフトが起きた時などにします。たとえば、うまく緊張がほぐれない時、リラックスできない時など、頭の方に気持ちが集まっていて、体の方に準備ができていない時には直ちに少し休憩をします。ホールセンス、フェルトセンスの時も、リラックスの時と、まったく同じです。気持ちを体の方に集めるために休憩します。ところが、ハンドル、共鳴、になると休憩の性質が違ってきます。この時のInstructionは、おおよそ、「今の気持ちを大切にして、いつでも今の気持ちのところへ戻れるようにして、休憩をとりましょう」です。これでも分かるように、体から出てきた状況をしっかりと覚えておくということがその中心になっています。

また、Instructionにとってそして Focuser にとっても同じですが、フェルトシフトが起きたと感じられる時にも休憩をとります。この時の配慮も前とまったく同じです。休憩を開始する時、そばにほかの人がいたら、その人が Instruction を与えたりしますけれど、休憩に必要な時間はその人が決めます。
なお、くわしい内容は村山正治さんの著作にありますので、それをお奨めいたします。

第三節　カウンセリングは体験過程への反応である

カウンセリングの時のカウンセラーも、自分の体験過程に直接反応するようになっていると、焦点付けやカウンセリングの過程がスムーズに進むことが分かっています。体験過程に直接反応するとはどういうことでしょう。体験過程の特質は、すでに述べましたからここで繰り返すこともありませんが、今ここでだけ感じられるある種の感情の流れでした。そして、ある状況になれるとそれが感じられるのでした。ですから、そのある状況が大切になってきます。

この状況を生み出す条件は何かというと、相手の言葉を聞く姿勢というよりも、自分の中の状況を感じ取る、感じかたのように思います。つまり、自分に向かう姿勢です。

この向かい方には、すでに述べましたように、消極的な向かい方と、積極的な向かい方があります。

第一項　消極的な向かい方

クライエントに向かう時に、カウンセラーは、基本的に自分の体験過程に直接接触してそこから出てくるものによることが何よりも大切であるということが分かっています。しかし、私たちは、いつでもそのようにできるでしょうか。クライエントが正直であろうと、嘘つきであろうと、自惚れていようと、取り乱していようと、何かいわくありげに言おうと、左右されずにいつもゆったりしながら相手をきくことができるでしょうか。実際の場面では、とても難しいと感じられています。

私たちは、普通、このようなクライエントに出会うと、なんとかしてあげたいと思います。そのために自分の知識や技術などを、惜しげもなく使います。これはとても良いことですけれど、その時、私たちは、相手の人がどのような感じ方をしているのか、どのような気持ちでいるのかには無頓着になっています。ですから、いろいろな援助の心が満載されている言葉や態度は、どうしても、一つの特徴をもつように思われます。

そこで、私たちは、知らず知らずのうちに相手の人を拘束し、制限し、私たちの考えがもっと正しいから従うべきであるとか、私に任せておけば間違いないとかというように、私たちを彼らのお手本にしたがる傾向にあります。

このような状態になっている時の私たちは、その場面に適応していないといってよいでしょう。相手がみえない代わりに、自分の知的なところ、価値観や技術、過去の経験から導き出されるいろいろな処方箋に依存し、よりかかることによって自分を安定させようとしています。

ここには、カウンセラーがクライエントの人格を自分の人格とは別の、独自なものであるという信念に立てない状態にあることを示している現実があるといってもいいでしょう。このような状態になっている時には、効果的な面接はできません。

第二項　積極的な向かい方

こんな例があります。このクライエントの心の中にスムーズに入り込んでいくには、どう接していったらいいでしょう。寄り添っていくために私たちに要求される態度は次の例によって確認することができます。

cl.……さっきもちょっと言ったんだけど、耳が聞こえなくなってねぇ（うん）。手術してからあとも、やっぱりこう、まだ、こう、触っても、他人の耳のようなんですよ（うーん）、しびれたような感じでね。聞こえも戻ってこないですし、（うん）、戻るのかなあって思っているんですけどね（戻るんだろうかって）。カウンセリングの勉強は、耳がよく聞こえないと（うん）駄目でしょう。クライエントさんはね普通とても小さな声で話されるからね（うん）、そのことがものすごく、最近、気になるんですよ。あのー、あんまり、こうー、小さい時から中耳炎だから（うん）、よくはなかった、聞こえがあんまり、前からよかったわけじゃないんだけども、（うん）、今度はなんか、あのー、聴神経腫瘍というんだろうか、真珠腫瘍というんだろうか、なんかねぇ、普通の中耳炎より性が悪い（うん）、腫瘍みたいなのができているんだって言うんです（うん）。で、手術でとってもたくさんなかを削ったんです（あー）。だから、このまま元に戻らないんじゃないだろうかという感じがね、不安がね、あるんです。お医者さんは、だんだん聞こえるようになると言ってくれるんだけど、実際に生活していると、相手の声が聞こえない時があるんですよ。だから、日常生活が満足に送れるだろうかっていう不安がね、よその人とつき合うようになってからあるんですよ。

このクライエントさんは、ミニカウンセリングの研修会に参加された方です。私たちがカウンセラーだったら、まず、どのように聞いたらいいでしょう。この話は、開口一番に語られたものです。

クライエントは、今の自分を伝えるために話すのだというところにいれば、あれこれ考えて言う必要はありません。このクライエントさんの話すとおりにきいていけばいいので、ほかに何も差し挟むことはないのです。

彼はまず過去の話からはじめていますね。しかも、耳が聞こえないようになったと言います。これは一大事です。普通なら、「どうして」とか、「へえー」とか、「なぜ」とかの姿勢になりがちなのでしょうけれど、ここまで勉強してこられたのですから、「うん、耳が聞こえないようになった」という言葉をそのまますきちんと受け取られたと思います。このようにして、こちらの姿勢を積極的に相手に向けていくのです。すでにこの章の第一、二節でそのこつを述べましたから、すぐにおできになるでしょう。

彼は次に、手術をしてからもおかしいということを語ります。ちょっと触っても他人の耳のようで、痺れているような感じがあると続けます。そして、聞こえも戻ってこないと続けます。ここまでは彼の耳の状況を彼が伝えているのです。そして、彼は、聞こえが元に戻るのかなあ、と言っています。この不安定な感じを心にとどめてきき進んでいきましょう。彼は、不安を何とか解消しようとして医者に尋ねますが、医者はだんだんとよくなると言うだけのようです。それをきいても、彼の心は和みません。だって、彼の病気は、真珠腫瘍とかいうので、普通の中耳炎よりも悪質だと聞いているからです。手術をして、たくさんの骨を削ったたし、膿みたいなものだって出てきたし、実際に、生活をしていても、相手の言葉が聞こえてこない時があるから、これでは、満足に日常生活を送れるだろうかと不安だ、という気持ちのところにいます。

カウンセラーは、彼の、その不安のところにちゃんと居続けて、それを汲み取ることが大切になります。聞くというのは、向かい方がこのように積極的なものなのです。そして、それは、彼の現在の気持ちのところにきちんといるということで相手に満足してもらえる聞き方になります。

この聞き方は、練習をすれば、誰にでも身につくものです。

〈参考文献〉

ジェンドリン著、村瀬孝雄訳、一九六三、体験過程と心理療法、牧書店
ジェンドリン著、村山正治訳編、一九七八、フォーカシング、福村出版

第七章　ミニカウンセリング

この章では、私がミニカウンセリングと名づけたカウンセリングの学習方法をご紹介しようと思います。私の中には、以前からどうしたら実力のあるカウンセラーになれるかという問題意識がありました。幸いに、私の周囲にカウンセラーになりたいと願っている人たちがいましたので、その方たちと一緒に私の問題意識の成就にとりくみました。この結果生まれてきたのがミニカウンセリングです。それ以来、限られた方々と一緒に、このやり方を追求し続けてまいりました。この章でお示しするのはその中でみつかった事実のひとつです。

ミニカウンセリングはまだまだ多くの人たちにお力をお借りして発達していくものですから、ここにお示しすることはひとつの仮説とも申せましょう。この学習方法がカウンセリングの世界、人間関係の促進や創造の世界にたずさわっている方々のお役にたつことが、少しでもあればこれにすぎる喜びはありません。

第一節　ミニカウンセリングとはなんだろう

ミニカウンセリングは一九七三年に、カール・ロジャーズに代表される来談者中心カウンセリングのエッセンスをもっとも効果的に体得するための学習法として、東京人間開発研究会の人たちとともに私が開発したものです。当時「カウンセラーになるには一〇年かかる」といわれていた時代でしたし、この上なく新米のカウンセラー志望者には、クライエントという人を獲得することなど夢のまた夢の時代でもありました。そしてその頃、私の周囲には何人かのカウンセラーになりたい人がいました。その多くは女性で、平均年齢は四〇歳を少し超えていたと思います。四〇歳を超えている人たちがこれからカウンセリングを勉強して、五〇歳を過ぎてからカウンセラーとしての実力を得られても、その実力を認めてくれるところなどない時代でしたし、しかも今も相変わらずのようです。私はどうしても五年、いやそれ以内の期間でカウンセラーの実力をもっている人たちを養成しなければいけないと思いはじめました。

私はそれよりもかなり以前からロールプレイに親しんでいました。でも、このやり方は、私にとって満足に値するものではありませんでした。ほかにもカウンセラーへの訓練方法はたくさんあり、今もたくさんあるのですが、ロールプレイに限って考えてみると、当時はクライエントになった人に「あなたのことを話してもいいし、話さなくてもいい」という類の指示があったようです。クライエントの役をする人はそれこそロールプレイですけれど、一方カウンセラーの役をする人は、本物のカウンセリングの場面と同じで相手に接するように指示されるのですから、そこには当然気持ちの行き違いが出てきましょう。ロールプレイの効果が今ひとつ私にとってうまくなかったのはどうも状況の指摘からくる意識の違いだったようです。これは、いまだに私にとってはカウンセリングのエッセンスを体得するうえでネックになっていると感じられます。

第二節　ミニカウンセリングの特色

そのころ、カセットテープレコーダーが出まわりはじめていました。また一方で、ミニスカートが流行していました。私は、ロールプレイのようにクライエント役とカウンセラー役を作り、クライエント役には本当のクライエントをやってもらうことにしました。時間は一回一五分です。たった一五分でも、クライエントの心をすこし分かることができるのではないかと思い、ミニスカートにあやかって、このやり方をミニカウンセリングと名づけました。そしてこれはカウンセラーになるための、また、人間関係を促進するための学習方法なのですから、カウンセラー役が必ず逐語記録を取ることにしました。このようにしてカウンセラーになりたい人のための新しい学習が始まりました。

第一項　「自己を語る」―クライエント役の側―

ミニカウンセリングでは、クライエント役（以後役を除く）に自己を語ること、特に自己にかかわる問題や悩みをありのままに経験の乏しいカウンセラー役（以後役を除く）に語るようにとの要請があります。どうしてこのようになったのかというと、三〇分よりも長い面接の逐語記録を子細に検討すると、どの事例もクライエントが自己を語っていることが分かったからなのです。一対一の形でおこなわれるのが原則ですが、第三者が観察をしていたり、周囲の雑音が入ってきたりする不如意な中で実践しなくてはならない場面でも、同じように実施します。

クライエントは、自己を語ることや伝えることがどれほど辛くて大変なものか、またカウンセラーが本腰を入れてきいてくれないとどれほど傷つきかつ落胆するものであるかを、身をもって味わいます。また、カウンセラーに気持ちごとそっくり受け入れられ、一人の存在者として尊重され、理解してもらえているというすばらしい感情をも味わいます。クライエントとしての学習のポイントは、ここにあります。

第二項　「今、ここで」—カウンセラー役の側—

カウンセラーは、自己を伝達してくれるクライエントをクライエントそのものとして接することによって、自らも経験の乏しさを度外視し本気で接するように要請されます。ここからカウンセラーは来談者中心カウンセリングの学習で必要とされる基礎的態度三条件（無条件の肯定的配慮、共感的理解、純粋性）を体得できる得難い機会に恵まれますし、来談者中心カウンセリングでもっとも重視されている人間観をも体得することにもつながるでしょう。カウンセラーとしての学習のポイントは、まずここにあります。

これらのことはすべてクライエントの反応によって私に確かめられたことです。

第三節　ミニカウンセリングの実践

さあ、これから、具体的な実践の説明に入りましょう。以下に述べるのは私たちがこの上なく真剣にミニカウンセリングを実践して得た記録を細かく解析した結果です。ですから、結果だけをつまみ食いすることなく、まったく同じように実践をしてみてください。そうすれば、必ず同じ結果が出てきます。

第一項　仲間同士が二人一組のペアーになる

来談者中心カウンセリングの学習を志す時、もっとも困ることの一つにクライエントがみつからないということがあります。クライエントをお願いしても、モルモットにされるように思う人がかなりいて、「カウンセラーの勉強をしたいから、あなたにクライエントをお願いしたいのです。」などと言うことはできないのが普通です。

でもこの学習法では、仲間同士が二人一組になり、その二人がお互いにクライエントとカウンセラーの役を交互におこなうことで学習を進めていくのですから、クライエントがいなくて困るということはありません。

第二項　面接の逐語記録を取る

ミニカウンセリングの学習のとりわけ大切な部分は、二人で面接をしたら、必ずテープレコーダーでその内容を逐一録音して逐語記録にすることです。カウンセラー養成のための勉強なのですから、記録はカウンセラーがとります。この記録こそカウンセリングの学習になくてはならないもので、ロジャーズも一九三九年の一二月に赴任したオハイオ州立大学で、大学院の学生を指導していた時、当時市販されはじめたテープレコーダーを使い面接記録を取り、子細に検討し、新しいアイデアをたくさん生みだしていったことが分かっています。一九八〇年に書かれた書物の中にも、オハイオ時代のやり方がカウンセリングの学習に何よりも効果的であることを述べています。ミニカウンセリングの記録は、よその誰かの素晴らしい人の面接記録ではなく、つたないながら自分がつい今しがたおこなった面接記録で、それを使って勉強が進んでいくというところが特色です。

第三項　逐語記録をみてみよう

できあがった逐語記録をみましょう。逐語記録は完全に、つまりクライエントの言葉だけでなく、カウンセラーの「うんうん、えぇえぇ、なるほど」などのあいの手、すこし長いセンテンス、沈黙したらその秒数（分数）などをすべて記録してあるものです。

クライエントは、自分を語るのだから、自己を表現する言葉がたくさん記録の中に並んでいるわけです。どこにクライエントの自己を語るところがあるのでしょう。どこから接近していったら、クライエントの心の動きを逐一感じとることができるでしょう。

カウンセラー経験が浅い人は「ただきくことに努めて下さい」というインフォメーションをもらって面接を始めても、いつの間にかたくさん喋っていることがあります。クライエントがひと言話すと、カウンセラーも同じくらいに長く話してしまいがちです。

カウンセラーは、クライエントの役に立ちたくてレスポンスが多くなるのですから、その心構えはとても尊いのですけれど、ここに大きな落とし穴があります。それは、カウンセラーが知らないうちに自分の考えている価値観に沿ってクライエントをみているということです。カウンセラーは知らず知らずのうちに、クライエントを自分の価値観の向く方へ誘導していく傾向をもちます。この時、カウンセラーは今のクライエントが見えなくなっています。

カウンセラーがこのようになってしまうと、クライエントはカウンセラーの価値観の示す方向に歩調を合わせます。この時のクライエントの心の中は、カウンセラーが是とするものだけを口にすればいいと分かり、自分が本気で自分に立ち向かうことをしなくなります。そうなると、質疑応答の形をとったり、あるいは知的な話に終始したりします。これではせっかくカウンセラーが熱を入れて面接の場面に臨んでも、その熱意は空転してしまいますし、効果はとても薄いものになります。

実際にこのような例が出てきた時、その方たちに「話そうなどということ、助言を与えようとか援助しようということなぞ脇へ置いて、ただひたすらきくためにだけきいてください。しゃべらないでください」とお願いをします。そうすると次にはだんまりのとても多い一五分が続きます。

こうして完成した逐語記録で学習がおこなわれている時に、カウンセラーに尋ねます。「喋りたかったことがありましたか」。すると「ええ、とても。でも、じっと我慢しました。辛かったです」。カウンセラーが喋りたい時が先ほどと同じにあっても形の上では喋っていませんから、たいてい、クライエントがその分だけ多く喋ります。

こうしてでき上がった面接記録をみますと、とても興味のあることがいくつか導きだせます。それを述べてみましょう。

クライエントの話にはいくつかの傾向があります。それらのうちで明らかになってきた傾向を二つ出してみます。

一　第一の傾向

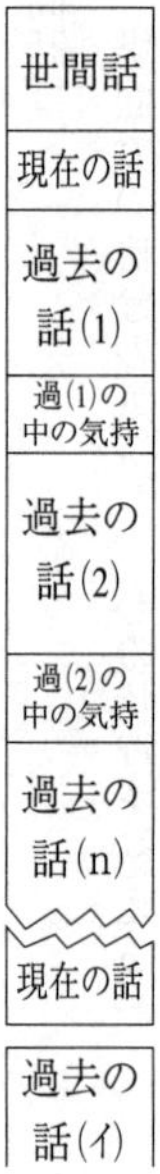

ミニカウンセリングで出てきたいくつかの特徴を説明しましょう。

A　世間話が幕開け

お互いが打ち解けあってたり、片方が悩みに押しつぶされそうになっている時には世間話はいらないかもしれません。けれども、すべての人がそうだということではありません。なぜかといえば、氏素性もよく分からない人に自分を語るなどという大それたことは普通できないからです。けれども、クライエントはその人に話そうと思ってやってきたのですから、なんとかしなければなりません。そのような時私たちは、ボクシングの第一ラウンドのはじめのように、よそ行きの顔をし、一般的な毒にも薬にもならない話、つまり自分が登場しない話をします。こうすれば、相手がどんな気持ちで自分の話と気持ちを汲み取ってくれるかがなんとなく察せられるし、同時に自分の気持ちも落ちついてきて、話す段取りもだんだんハッキリしてくるからです。この話をしながらクライエントは自分の話をするきっかけを掴もうとしています。

こういうわけで、世間話はクライエントにとって大切なものですし、カウンセラーにとっても同じです。世間話をすることでだんだんと雰囲気が和らいでいきます。そして、クライエントのいろいろな事柄に関するものの見方や感じ方、趣味や生活の中味が出てくることがありますか、世間話も大切な役割を持っています。

世間話は

a　場面での自分の気持ち、心の状況を整える

b　相手の状況を知覚する

という二つの役割をもっているようです。

なぜそのような役割があるのかというと、たとえミニカウンセリングであっても、ほとんど知らない相手に、いきなり自己を語ることには抵抗があるのが普通です。しかも、自分の問題や悩みをどこからどのように話していいか分かりません。第一、そのように心の状況を作るのが大変です。世間話が必要なわけの第一はここにあります。しかも自己を語った時、相手の人が自分の心をきちんと受け止めようとして、つまり本腰を入れてきこうとしているかどうかは、とてもク

ライエントとしては気になるところです。これはミニカウンセリングであってもまったく同じです。きいてもらえなければ心が傷つきます。

そのような危険を侵す可能性があるかどうかを判断するためにも世間話は大切です。

Ｂ　現在の話は大切

次にクライエントは今の気持ちを言葉にします。事例にも現れているように、現在の話の部分はほんの僅かです。文章に直しても一行に満ちません。でもどうして現在の話がここに登場するのでしょう。

それは、クライエントの心の中に「ヨシ、この人に話してみよう」という、きいてもらいたいという気持ちが湧いてきたからです。ミニカウンセリングではこれが出てくるまで僅か数分の時が多いので、カウンセラーはきちんとした姿勢を保っていないと、この大切な言葉をきき逃してしまいます。最初を大切にしましょう。

Ｃ　過去の話は履歴書

うっかりするとすぐ逃げてしまってわからなくなる現在の話だけでは、クライエントは満足しません。「私はとても気が重いです」と今の気持ち（状況）を言ってもそれだけで相手が自分の状況をすべて理解してくれたとは到底思えませんから、その状況をより詳しく説明することが必要となってきます。

私たちは説明のために今の状況がどうして起こったのかという過去の話をします。時には、それと同じような状況が過去に起こっていれば、その話をします。自分の状態を正しく分かってもらいたいから過去の話が出るのですが、一つの例示による説明だけでは不足と思うと、それに似ているほかの例を引いて説明を繰り返していきます。そして、いくつか繰り返していくうちに、もう思いつかなくなってくるとそれをまとめて終ります。過去の話は現在の状況（気持ち）を説明するためにされるものです。

D　現在の話の再登場

このようにして「自分の心に懸かっているもの」を語ると、クライエントはホッと安心してひと呼吸します。数秒の沈黙のあと、再び話し出すのですけれど、この話は沈黙の前の話とは微妙に話題が変わっています。話題が変わるということは気持ちが変わったことですから、このポイントは大切です。これを節目といいます。ここに話し手の気持ちの特徴が出てくることが分かってきました。列挙しますと、

a　現在の気持ちがまとまって語られ、終止形になる
b　語られる気持ちは、芯と名づけられるものを含む
c　語り終えるとホッとするためか必ずひと息つくので、数秒程度の沈黙が続く
d　沈黙のあとの発言は、その内容が微妙に変わる

というものです。ただ、これらは数多くの事例には共通してみられますが、事例によってすべて同じ形をしているとは限らないことも分かっています。

ここまでが一つのセットです。再び現在の気持ち（状況）が語られて、クライエントがホッとひと息つくまでを、一つのセクションと考えましょう。面接の第二セクションは、第一セクションにあった世間話と現在（最初に出てきたもの）を除いた過去と現在の再々出現によって構成されていることが分かります。ちょうど葱と肉が交互に刺さっている焼き鳥の串ざしに似ています。葱、鳥肉1、2、葱、鳥肉a、b、c、葱……というようにです。葱の部分が現在、鳥肉の部分が過去と思って下さい。

二　第二の傾向

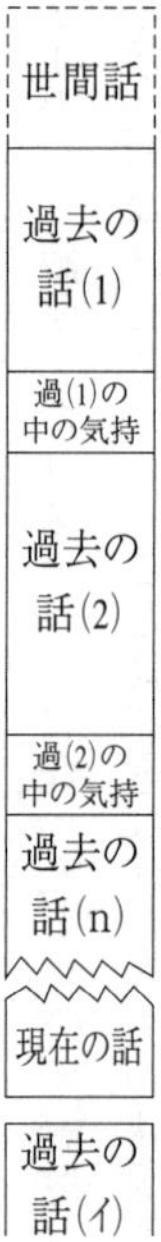

第二の傾向にまいりましょう。第一の傾向と違うのは、最初の世間話が点線で示されていることと、そのあとに現在がないことです。いきなり過去がやってきたりします。時によっては過去の話か世間話か分からないことも、世間話が欠如してしまっていることもあります。

この傾向の過去の話は、前の話と同じ性質のものではありません。語られる内容そのものに基本的相違はないのですけれど、その意図が異なっています。これらの過去の話が現在の状況に到達するためのステップ、準備状況を示しているからです。ちょうど陸上のフィールド競技を考えた時、幅跳びの選手が助走路にいろいろな印をつけていますが、あれと同じ性質をもっているとみることできるように思います。どのようにして自分の現在の状況（気持ち）へ到達するかというものだからです。再現される現在は同じでも現在の状況に到達する筋道が違います。

三　二つの傾向に共通していること

A　現在の状況（気持ち）と過去の状況（気持ち）

第一の傾向にも第二の傾向にも出てくる過去の話は、必ず大切な状況（気持ち）を含んでいます。それは、現在の状況ととても似ています。クライエントは数え切れない経験（体験）を積んでいますから、説明したりステップになったりできる経験（体験）は無数にあるのに、特定の経験（体験）が選ばれたということは、選ばれた過去の状況と現在の状況との間に類似性があると申せましょう。過去にあった経験（体験）が現在の時点で再び出てきた時、その経験（体験）の核になっている状況や気持ちはとても大切なものだったのです。その内容を説明やステップとしてもち出すのには、それなりの理由がちゃんとあります。その状況はしかもその人の現在を作り上げている貴重なものですし、その人がそのような経験（体験）を積んできているということは、カウンセラーにとってゆるがせにはできません。しかも、状況や気持ちは現在のそれと似ています。ここに着目しましょう。

B　悩みの時間的推移

悩みや問題はインスタントにできるものではなく、必ずといっていいほど、その人の生育歴の中にどっかりと腰を据えています。

何年前でしたでしょうか。ある時私のところへ相談にみえた女性は当時五五歳でした。世間話を少ししたあとにすぐ今の気持ちを語りましたが、彼女の悩みは彼女の生後、物心がついた頃から始まっていたのでした。彼女は五五年ほどもずーっと悩みを持って生活をしてきたのでした。それらの年月が作り上げてきた性格を直したいというのが彼女の切ない願いだったのでした。

また、ある女性は一三歳の時から口臭に悩まされているというとても辛い話をトツトツと語ってくれました。その女性は当時三一歳でしたから、一八年間も口臭に悩まされた毎日だったのでした。

どの事例にも必ず登場するこの時間を表す言葉は、その人の悩みがどれほど深刻かを私たちに告げてくれます。深刻さの程度は、クライエントの主観によっていますから比較はできませんけれど、この時間の概念を無視することができません。そこに、そういう悩みを引きずって生きてきたクライエントがいます。時間の重みを味わってください。

C　大切な気持ち

クライエントの話の中に、彼がこれだけは伝えたい、分かって欲しいと思っている気持ち、状況が必ずあります。それは現在の気持ち、状況が表現されるところに出てきます。しかも現在の状況が再現されるたびに出てきます。ほとんどの人は、まったく同じ言葉で語ります。

そのわけは、大切に感じていることは何回も何回も心の中で繰り返し繰り返し伝えたいと思うからですし、いつも今の時点で大切だからです。大切に感じていることは現在の気持ち、状況が語られる場所に何度も出てきますし、それはあるサイクルのもとに繰り返されます。このサイクルは前の項目でセクションと表現したものです。

けれども、カウンセラーに分かるのはこの程度なのです。ジェンドリンの言葉を借りると、体験には言葉になるものも全然言葉にならないものもあるからで、言葉にならない体験がないのではなく言葉になるまでに至っていないということです。その代わり、その言葉の強弱、高低、遅速、表情あるいは態度、物腰に現れてくるのだそうです。

だからクライエントの話に添ってきいていくことが必要になってきます。彼の中で、その感情や情緒、身体感覚などがある形でまとまると言葉になって出てくるのです。このメカニズムを体験過程の言語化といいます。詳しくは前の章に述べましたので、繰り返すことを止めます。

D　心や気持ちを現す言葉

悩みや問題状況を現す言葉は知的な場所にはないといいました。情のところにあります。でも、どのような言葉が悩みや問題状況を現すのでしょう。心や気持ちがこもっている相手の人がらそのものを感じようとする時、その鍵になる言葉はどのような形をとって出てくるのでしょう。

鍵になる言葉（キーワード）は、次のようになって現れました。

悩みがその人の存在全体を覆っている時、その悩みがその人の生死に直接関係する時「私はもう駄目だ」とか「もう私は終わりだ」といった発言をします。この場合その人の語りは、「駄目」、

「終わり」という表現に染まっていますし、そのレベルで自己が表現されます。このようにその人の全体を問題にする言葉が語られた時、その人を感じる言葉を「存在」と名づけましょう。第一の、そしてもっとも深刻な悩みのキーワードは「存在」です。

その人の存在全体が悩みになっているわけではないけれど、その人の身体のある部分が何かの具合で変調をきたし、生理的な悩みになったりする場合があります。その悩みは、身体のある感じになって出てきます。たとえば「身体がだるい」「気が重い」「すっきりしない」「こだわる」「面白くない」「分からない」「心が痛む」などは特定の状況が身体の感じになって表現されたものです。これを第二番目に「身体感覚」と名づけましょう。第二のキーワードは「身体感覚」です。

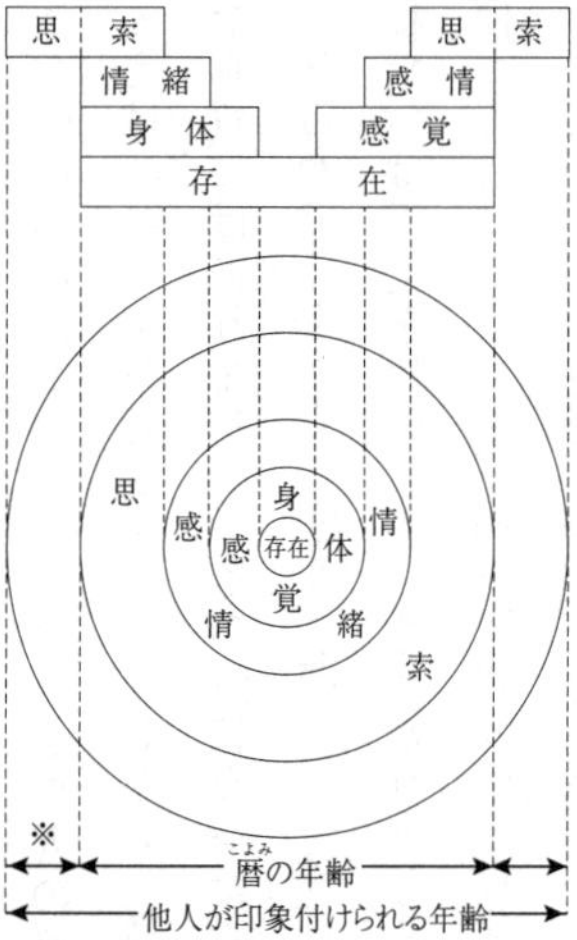

※思索によって獲得された見かけの年齢
（含・知性、技術）

問題や悩みが心の状態のようになって表現されるものがあります。「うれしい」「悲しい」「楽しい」などの表現がそれです。これは、前の表現とは違って心のあり方が問題になっています。情緒、感情などと呼ばれる領域の言葉です。第三番目のキーワードがこれです。「感情、情緒」と名づけましょう。

これら三つの領分に分かれる言葉には共通の特質があります。語られたとおりになんのかけ値もなしに語られたそのまま受け取ればいいということです。これらキーワードがその人の生きてきた時間の中にあるからです。その人の悩みや状況そのものを示しているからでもあります。たとえば「私は気持ちがすっきりしない」時いたところで、駄目なわけは語ることができても駄目な本質には迫れません。その気になったら、すっきりしないわけをその人なりの語り方で伝えてくれるわけですから、額面どおりにきけばいいのです。

私たちは言葉を使います。考えたりもします。言葉は悩みを表現したり、説明したりするために使うことはできても、悩みそのものにはなれません。概念や価値観は、今までの特色と違って、必ずどこかに不十分で不安定な点、誤りなどを含んでいますし、だからその不備を克服して、知識や技術が進歩してきているわけです。これを第四番目のキーワードとみて「思索」と名づけましょう。

図にも示したように、この四種類は特徴のある重なりをしています。人格を現していると考えましょう。

説明してみましょう。「存在」というものは、人間のみでなくあらゆる生命体に備わっていて、たとえ人間のように言葉をもたなくても、生死には自然界の掟がちゃんと適用されます。人間の悩みがここにあるということはその意味で容易ならぬことです。

存在の上層にある「身体感覚」は、魚類や鳥類にもみられます。動物界に広く分布している「生理的」な核です。ここに悩みがあるということは、かなり悩みが深刻な状況だということを示しているようです。

愛情の表現をする要素が身体感覚の一部で出てきます。これは「心理的」な状況です。この悩みは前述の悩みに比べて軽度といいます。悲しみ、喜び、苦しみの原因が多くの場合、その個体なりに分かれているからで、分かれていない時にはその悩みは身体の感じになって出てきます。

E　気持ちや心を直接に表現できないもの

a　知的な表現　知的な領域に所属する言葉です。心や気持ちを説明したり解説したりすることはできても、心や気持ちそのものを表現することはできません。悩みは心や気持ちの有様を表現しますから、知的なものは悩みを表現できないのです。

知的な表現は、努力によっては到達することができたり、予めどこかに答えがあってそこへ到達する方法をみつければ万事めでたしになるものに使われる時、その威力を発揮します。

b　時間　悩みも、はじめはちょっぴりしたものでした。ちょっとしたにきびみたいで、気にも止まらない程度の状態です。でもこれに気づかずに放っておくと、少しずつ悩みが成長し、深刻になっていきます。だんだんと不安になります。はじめはとてもたくさん自信があったものが、失敗そのほかの予期しない出来事によって、自信が少しずつ少しずつなくなっていくと、それに変わって不安が大きくなっていきます。とうとうある状態以上に大きくなると、顔かたち、雰囲気、言動、着衣そのほかに現れてきて、他人が気づくようになります。

このように、悩みが他人に気づかれるようになるまで成長するには、時間がかかっています。

悩みは時間の函数です。深刻さを表す一つの大切な指標ですけれども、その時の心の状態を直接に示すものではありません。

第四項　実例による解説

次に、ACさんとの面接の全逐語記録を示しました。あとに述べます解説と合わせてご覧下さい。

「……どういうんでしょう。先刻、Tさんと話したら、だいぶ気持ちが、あの（笑い）（ん）それとはちょっと違ってきたような感じがするんだけど（ん）、何かもう、あのー、もう、疲れちゃって（ん、疲れちゃって）ん、あのー、〈沈黙五秒〉、どういうのかなあ、やっぱり雑多ないろいろ、もう、あのー、実際にこう、なんやかんや準備しているところへもってって、（ん）会社の方が転勤になって、あのー（ん）、所長がね（ん）。私は転勤になりませんが（ん）。そしたら、あのー、会社の社宅の契約とか（ん）、駐車場の契約とか（ん）、まー、お金のことなんかは全然問題ないですけど（ん）あのー、不動産屋と連絡をとったりする実際の業務が私の仕事になるから（ん）で、その、所長が変わるためのまあ、いろいろ色々（ん）ごちゃごちゃあって（ん）。でーあのー、ま、春のその時期はあのー、仕事自体は、会社の仕事自体は、もうちょっと中閑期で（ん）、暇になるような時期なんだけれども（ん）、事務員さんの仕事としては、もう（ん）いっぱし増える時期で（ん）、後始末をしたりまとめしたり（ん）それと、次の準備をしたりということと。それから、その、あのー、仕事のことと（ん）、それと、やはり、引越しとか（ん）、家を捜したりとか（ん）、何か、いろいろ、あのー、ま、案内状は出せたから良かったですけれど（ん）、そういうあのー、不動産屋さんと話をしながら現地を見に行ったり、あすこはいいって言ったり、ここはいけないと言ったり、んー、から、あのー、んー、こう会社のことと自分のこととそういう同じようなことが、（ん）重なっちゃって（ん）。で、なにかひどく面倒くさくって（ん、ひどく面倒〈うん〉臭くって）。（間）何か、そう、んー、自分のことで面倒くさい、面倒くさいっていったら、なんじゃい、いう話になるんだけども（ん）。まー、その、まー、あのー、決めたり（ん）、それから、お金を出したり（ん）あの、そういうことは、まー、あたしがしなくていいわけですよー（ん）ね。今度は（ん）、あの、自分のこと、いっても、前の引越しの時みたいに（ん）、なにもかも自分でせにゃいけんというんじゃないから（ん）、私、しなくていいと（ん）。そうなんだけども、何かもう、雑多なごちゃごちゃした仕事、仕事いうか、あのー、おー、二人以外の人と話することをぜーんぶ私がしなくちゃいけないなあという感じがして（ん）。えーえー彼氏の方はもういま頃、やはり、あのー、異動の時期だし（ん）、それからやっぱり、あのー、お付き合いなんかで、なにやかにゃ向こうは向こうのプログラムがあって（ん）、で、そういうことをあの、愚痴るとか、私が（ん）。そういう場面がもう全然なくなって仕舞って（ん）。実際にあのー、あー、もう、事務的なことはもう、どんどん、どんどん進めなくちゃいけないし（ん）、でー、いろいろあれやこれやゆっていったら（ん）、あのー、「アパート見に行き、いく?」と言ったら、その、見る時は（ん）、ちゃんと付き合ってくれるから（ん）。ま、向こうも向こうで一生懸命してくれるのはわかるんだけれども（ん）、何かもうー、あー、や、厭だなー言うて怒られるんだけど（ん）、もう、ほんとになにかあのー忙しい時に同じように忙しくしないといけないのが（ん）、何か、あのー、（間）、どうも落ち着かなくて（ん）、厭だなーという感じがしているんですよね。（ん、落ち着かなくて〈ん〉厭だなーという感じがしている）。なんやかんやなんやかんやねー（ん）、んー、なにがどうしてこんなふうに忙しくなっちゃったのかなーと思うけど、まー、そりゃー、もう、あとちょっとだから（ん）、あのー、まー、ここはきちんと、ひとつやっていきゃあ、ちゃんと、あのー、あの、どういうんかなー、ちゃんとまあ、結婚式ができて（ん）、二人で暮らせるようになって（ん）、で、まー、もう少ししたら、きっと落ち着くようにはなるんだろうとは思うけど（ん）、それからまー、去年辺りから、こういうごちゃごちゃしたことをしなきゃいけないんだというのを、まー（ん）、頭ではねー（ん）、期待して、あの、準備しないといけない大変だなあーという感じで、まー、覚悟は決めてたんだけど（ん）、なにか、それにしてもなにか、ゴチャゴチャいっぱいあって（ん）、あー、特になにか、あのー、こうー、人とのやり取りで疲れてしまうんですよね。（ん、人とのやり取りでねー〈んー〉疲れてしまう）。んー、（間）何か、彼氏の方は親にしても兄弟にしても、もう遠くにいるから（ん）、（間）何も言わないし（ん）、「どうすんなら」くらい言っても、割とあの人はなにか、自分で、「わし、こうするから、こうしてくれ」と、パッと言っておしまいにして（ん）、それでいいような感じなんです（ん）。で、私の場合はやはり、何か、あのー、なんとなく、こう、親に対して負い目みたいなのもあるし（ん）、でー、今まで、やはり、言うこと聞かずにきてるし（ん）、せっかく喜んでもくれてるし。そう思ったら、あの、いろいろ言われた時に、そのまま、「私こうするんだから」、言って（ん）、あのー、言ってしまえないから（ん）、どうしても「あぁそーう」って言って、その場は聞いて（ん）、ちょっと気に入らないなあと思っても（ん）、まー、とに、とにかく聞いて帰って（ん）。で、それをやっぱり、私の、こう思うようにしたいから（ん）それでもしたいから（ん）、そういうふうにするなあ、どういうふうに作戦を練って、どうすりゃいいかなあとおもうの。一生懸命考えるけど（ん）、もう、なかなか、その、やはり親は、なんて言うかなー、一生懸命だし、一ず、一途だし（ん）。そしたら、真っ向きって、何か、そんなことは、もうしていらんとか言って、言ったら、もう、あのー、してくれないだろうし（ん）、そうなるとやはり関係がまずくなるし（ん）、せっかくうまくいこうとしている時に、そういうことを言って（ん）、何かあの、怒らせたくないし（ん）、ま、半分はしてもらいたい、たいという下心もあるし（ん）、それでやっぱり、なにか、その辺のところで、こう、どういうふうに言うかなー、一つ一つ、何か、事柄進めるたびに、それを、こう、ウフ、あの、言うと、親のあんまりその、どういうのかなー（ん）、諸手を挙げて、「そんならこれでいいわ」いうような（ん）。やっぱりお金どっさりあるとか（ん）すれば、ま、あのー、お互いにね。あの、こっ、こっちの準備する側にも（ん）、お金があって、親の側にもお金があれば（ん）、どんなことでもすっすっとできるんだけど（ん）、やはりその辺のこと考えたり、何か実際に住むところがーどうこう言うの、やってるとやはり経済的なことも考えるし（ん）、これから先のことも考えるし（ん）、そしたら親は、やはり、あのー、立派ないいことをしてやりたいと思うから（ん）、その辺のギャップがね（ん、ギャップがね）んー。（ん）、やはり、わたしーは、やはり自分の今までやってきたやり方があるし（ん）、だからその辺をあのー、大仰に、あのー、そのー、なんというんかな、たとえば道具一つにしても（ん）、あのー、親はもう、物凄い立派な箪笥とかね（ん）、揃えてやりたいと（ん）、思っているんですよね（ん）。それはよーくわかるんだけど（ん）、だか、だからそういうことに、お金をかけるのも、まー、まー、いいんです。もう（ん）。妥協して（ん）。まー、一生のことなんだし（ん）、もうここでしなきゃあしてやれないというんだったら（ん）、してくれりゃあいいと思うんだけど（んん）、それにしてもあのー、こちらの、こう、あの、状況を、あのー、かん、まったく無視してね（ん）、してもらっても困るわけで（ん）、こっちはこっちで、その、広い家にも住めないし（ん）、これから、大抵、もう、何十、何十年たあいわないけれど、一〇年くらいは借家に住まにゃあいかんし（ん）、自分の家建てるいうても、そこまでならないし（んー）、転勤もあろうし（ん）、子どもが生まれたりしたら、また（ん）、ちょっと生活状態も変わるだろうし（ん）、で、そんなん思うと、そんな、なにか、物すごう立派な家具をこうてもろうて、無理無理、アパートに押し込めて（ん）、置いとっても、なにかやっぱ生活感覚違うし、ねー（ん）、から、それがもう、何とか親に分かってもらいたいんだけど（ん）、から、式なんかにしても、もう、万事そうなんで（ん）、で、親はもう、派手っちくやりたいんですいよね

（んんー）、で、私らは、あのー、そのー、式のその、お料理とか、服とかを派手にするんじゃなくて、みんな来てくれるんだから（ん）、人間を派手にやりゃあいいと思うんでねー（ん）。みんなでわあーっと、楽しくやったらいいと思うんで（ん）ね。その辺のところがやはり親の感覚とやはり私らの感覚と、どうしても違うから（ん）、親なんかはきっともう、親戚とか、内緒で（んー）、あのー、ホテルかなにかで（ん）、ちょっ時ちんとして（ん）。で、ね、友だちでは、どうせ、「どうでもすりゃあええが」いうのを（ん）、親も混ぜてしようと思うから（ん）、やはり、ちょっと、それ、そそのなにか親とのやり取りが（ん）、なにか、しんどくて（ん、ん、しんどくて）、んー（ん）、（間）まー、それで疲れてるんですねー、なにか、ねー（ん）、ほんとに。（そのしんどさに疲れてる）。んー、（間）それをこう、あの、あのー、こう、ま、友だちなんかに言ったら、ま、そういうことでその、なにか、悩みなんか言ったら、あ、悩みじゃないですけどね（ん）、あの、「もう、今、一番幸せな時じゃが」いうような聞き方しか、してくれないでしょう。やっぱり友だちなんか（ん）、やっかみ半分で（ん）、あのー、「今、一番幸せじゃが、楽しいが」（ん）、言うて聞いてくれるわけで（ん）。だから、そういう気持ちも嬉しいけれども（ん）、私は、そういう、そういう何か「幸せだわー」とは、思ってなくて（ん）。ん、あのー、親の気持ちも有難いと思うし、周りのそういういろいろ、あのそういうゴチャゴチャしたことも、ちゃんと片付けていけば（ん）、片付くんだっていうのが分かっているけど（ん）。んー、（間）、んー、何か、彼氏にそれをこう、相談、相談いうんか、「もうしんどい！いややわあ」いうて、いうたら、やはり（ん、ん、）、怒るんで（ん）、「今さら、ど、何をいうんだ」というような（ん）何か凄く単純に、あの、憤慨してくれるんですよ、ね（んーん）。それもまあ、人によったら自惚れになるし、ほんと、もう、もう、あのー、あんまり深く考えないで（ん）、私も多分そんなには深くは考えないんだろうけれど（ん）。そういうことで、凄く疲れてるわあーっというの、何か（間）、どうも彼氏には、分かってもらえないで（ん）。何か（ん）、あのー、〈沈黙七秒〉でも、あの、分かってもらえないんじゃなくて、（間）、わかってるんだけど、向こうがその、分かってる表現をようせんだけなんだと思うんだけど（ん）。あの、「あんたがようしてくれるから、あのー友だちにも自慢しょうる」みたいな言い方で（ん）、いってくれるんですよね。「うちはしっかりしとるから、もう（ん）手配も全部してくれて（ん）、こういうふうにしてくれて（ん）、言いよるんで」言うて、言うから（ん）、まー、そ、それはまあ、分かってくれてるんだろうけど（ん）、なにかそういうので（間）、慰められてはいるんでしょうけどね（ん）、十分（ん）、報われているとは思うけど（ん、思うけど）、んー、けど、やはり、やはり何か（ん）あーん、疲れたなーという感じですねえー、ほんと（やはり、疲れたなーという感じがある）。んー（ん）、（間）まー、でも、まーもうちょっとですから。ハハハ……（んー、もうちょっとだから）んー（ん）、（間）、まー、（間）もう、ひ、ひと頑張りかなあ、ふた頑張りかなあ（ん、ん）しないといけないんですよ、ね（ん）。ま、だ、そうじゃないと結婚してからの方がもっとしんどくなるんだろうから（ん）。なかなかテンポが合わないだろうし（ん）。それからあ、（間）そういう意味では、なにか、子どもを生んだ時に、あの、周りの人が、「子どもを産んだらしんどいよー」とか、「尊かよー」いうて（ん）、いろいろ心配してくれて、で、産んでみたら、案外簡単に何もかもうまくいって（ん）、そんなに心配することないじゃない、いうような感じだったのと、また、ちょっと感じが違って「もうこれであたな楽になるわね」言うて、周りの人は言うわけです（ん）。「これであなた、もう、よう、今まで頑張ったかー。子どもを育てて、もうこれで楽になるなー」言うて。何か、まあ、世間一般にはそうなんでしょうねー（ん、ん）。「これで楽になるじゃない。頼る人もできて」とか言う（ん）。だから、そういう感じーよりも、何か実際の方がしんどいんじゃないのかなあという（ん）、なにかそういう不安がやはり（ん）、あるから（ん、実際の方がしんどいんじゃあないのかなあという不安があるから）、んー（ん）（間）ま、そこんところを（ん）、んー踏ん張れるようにね（ん）、ならないといけないですね（ん、〈間〉そこんところを踏ん張れるようにならんといかんなーって）。んー（ん）、〈沈黙一二秒〉、あんまり、ねー、こう、あのー、人の（ん）、結婚式の準備で疲れたー（ん）言ってもはじまらないから、あんまり、愚痴、にもなりませんけど（んー）。〈沈黙六秒〉まー、ねー、もう一か月ですから（んー、あと、一か月だから）。んー（ん）、〈沈黙六秒〉まー、忙しくっても（ん）、家もなんとかまあ決まったし（ん）、ね、楽しいことも結構あるでしょうから（ん）、頑張って、できるのじゃないかなー、思うけど、できなくなるってことはまず、ないけど（ん）〈沈黙八秒〉やあ、何かこういうので頑張るのばっかり、一生懸命、頑張る、頑張る言うて、りょうったら、やはり（ん）、疲れちゃうねー（ん）、ほんとにー。（頑張る、頑張るっていってると〈んー、んー〉やはり疲れちゃう。んー）ん。（間）（んーんー）、んー、〈沈黙八秒〉、何かねー、最近やはり、ちょっとあれじゃなー、彼氏と話をする時が少ないからじゃろうね（ん）。何か（んー）、大体こうこうこうしようというのがもうできてるから（ん）。あのー、何かぱっとしたら、これでいいー

——一五分のテープが終わりです——

第五項　逐語記録の解説

逐語記録を見ますと、はじめに「……どういうんでしょう。先刻Tさんと話したら、だいぶ気持ちが、あの、それとはちょっと違ってきたような感じがするんだけど」とあります。ここに自己を伝えようという雰囲気を感じます。ここから話されるとおりにきいていきましょう。

次に、「なにかもう、あのー、」とありますね。クライエントが自分の内面に焦点を向けて内部の気持ちを言葉に直そうとしている発言です。何か知らないけれど、大切なものが出てくるぞ、と思ってききましょう。

「もう疲れちゃって」という発言が出てきましたね。これは、現在の気持ちです。「うん、疲れちゃってと言うからには、その話が出るのかもしれない」と思ってききましょう。

そうすると、「どういうのかなあ」から、その中身が語られます。すなわち、第一番目に「雑多ないろいろ、なんやかんや準備をしている」というのがあって、「ところが会社の所長が転勤になって」と述べられ、「社宅の契約とか、駐車場の契約」、「不動産屋との連絡」などの仕事がクライエントにかぶさってきていることが分かります。そして「この時期は会社の仕事自体は暇になるのに、転勤があると事務員の仕事はいっぱい増える」と言います。「後始末をしたりまとめをしたり、次の準備をしたりということと」というところで一応終わっているようです。それは、「それから、そのー、あのー」、という発言と、「仕事のこと、それとやっぱり」という発言がきますから、「やっぱり?」ときいていきましょう。

ここから、「どういうのかなあ」という中身の第二番目の話になっていきます。それは、「引越しとか」、「家を捜したりとか」、「案内状のことや」、「不動産屋さんと話をしながら、現地を見に行ったりとか」という話がでてきますね。でもこれは、どうも会社の所長さんに関わることではなさそうです。「ん?　これは、このクライエントさん自身のことかもしれないぞ」ですね。そう思ってきいていきましょう。でも、思えなければ、?だけでいいのです。

そうすると「面倒くさい」とか、「自分のことで面倒くさい、いうたら、何じゃい、いう話になるんだけども」とか、「前の引越しの時みたいに何もかも自分でせにゃいけんというんじゃないから、私しなくていい」という発言がみえますから、?はそれを示しているのだと分かりますね。ここで「あぁ自分のことを話しだしたぞ」と分かります。ですから、その気持ちできいていきましょう。

「彼氏のほうも今ごろ、やはり異動の時期だし」という発言から、この人が、女性だと分かります。でもこれが、「疲れた、に関係あるのかな」とお思いでしょうね。急がずにいきましょう。クライエントのペースできいていきましょう。

その彼氏は、「アパート見に行く」時には、ちゃんとついてきてくれるのです。でも「忙しい時に同じように忙しくしないといけないのがなにかあのー」と言っているところをみると、クライエントは、自分のペースで動いているのではなくて、彼氏のペースで動いているようだということが伝わってきます。ですから「どうも落ち着かなくて、厭だなーという感じがしているんですよね」とつながっていきます。これは大変に重要な言葉です。「落ち着かない」という言葉は、体の感じを現すものですから、これは注意してきくことが必要です。しかも「厭だなあー」という言葉にも、とても大切なものが含まれています。この言葉も「落ち着かない」と同じ類の大切さがあります。そうです。これは、〝体の感じ〟を現しているのです。こうなるときいていく方では困ります。「疲れた」、「落ち着かない」、「厭だなあ」の三つの言葉が出てきているのですから、仕方ないからこの三つの言葉に気持ちを寄せてきいていきましょう。もしクライエントが、大切にしている気持ちがこの中にあれば、必ずそれは繰り返されるのですから。

クライエントは、ここで、彼女なりにいろいろ考えていることを話します。それは、①「もうちょっとだから」、②「ここ、きちんと一つ一つやっていきゃぁちゃんとまあ、結婚式ができて、きっと落ち着くようになる」いうものです。このように答えを出して、クライエントは、この気持ちにけりをつけたかったのでしょう。しかもこのことがくるという予感がしていて「準備をしないと大変だなあと覚悟は決めていた」と言っています。それがうまくいけばこのようなことにはならなかったはずですから、うまくいかなかったのでしょう。ここに今があるのです。

こんなにも覚悟をしていたのに、「それにしても何かごちゃごちゃいっぱいあって、特に何か、人とのやり取りで疲れてしまうんですよね。」と出てきたのをみると、あぁやっぱり「疲れたなあ」が本命だったことが分かってきます。しかもここはクライエントが言い切っていますから、大切なところに違いありません。そしてこの、疲れたなあ、がこの面接の核に当たる言葉なのだということも同時に分かりますね。ここは大切にして応答するところです。

この事例では、カウンセラーがここに応答しています。そうするとクライエントはさらに話をもうひとつ具体的なところへと進めます。

次に出てくる話は、彼氏の親、自分の親との関わり合いです。彼氏の親との関わりは、さっさと過ぎてしまうのですが、自分の親との関わりがそうさせないことを語ります。延えんというくらい、自分の親との関係を述べたあと「やっぱりちょっと、それ、そのなんか親とのやり取りが、何かしんどくて、それで疲れてるんですね、ほんとに」ともう一回自分の気持ちを述べます。而も、今度は「本当に」という、独り言まで入っているのですから、このクライエントの「疲れたなあ」という実感は、こちらに切々と伝わってきます。カウンセラーは、ここでも応答をしていますね。これでいいのです。

そうするとクライエントはさらに話を続けて、今度は友だちの話に移っていきます。クライエントは、友だちにこの気持ちを言うのですが、友だちはそれをきちん時いてはくれずに「もう今、一番幸せな時じゃが」とか、「今一番幸せじゃが、楽しいが」というようなやっかみ半分の答えをかえしてくれます。これは、このクライエントにとっては、満足できるものではありません。だから、「そういう気持ちも嬉しいけれど、私はそういう幸せだわーとは思ってなくて」に、友だちのことをまとめています。

ここでクライエントは、再び答えを出しています。「親の気持ちも有難いと思うし、周りのそういういろいろ、あの、そういうゴチャゴチャした物もきちんと片付けていけば片付くんだということが分かっている」がそれです。そして、やはりこのクライエントの心は、彼氏のところへいきます。いくつかの話、たとえば「彼氏に相談いうんか、もうしんどい、いややわあ、言うたら、やはり、今さら、何を言うんだと、凄く単純に憤慨してくれる」や、「本当、もう、あのー、あんまり深く考えないんで、私も多分そんなに深く考えてないんだろうけど」などがそれです。そして「疲れてるわあーっていうの、どうも彼氏には分かってもらえないで、なんか、あのー」といって、沈黙がやってきます。

沈黙のあとのクライエントは、惚れた弱味なんでしょうか「あの、分かってもらえないんじゃなくて、ま、分かってるんだけど、向こうがその分かってる表現をようせんだけなんだと思うんだけど」といい、「あんたがようしてくれるから、あのー、友だちにも自慢しょうる。」と、彼を善くみようとしながら述べています。そして、さらに「うちのはしっかりしてるから、もう、手配も全部してくれてこういう風にしてくれて、言いよるんで」と続けています。こんなふうにいいながらも、クライエントは「分かってくれてはいるんでしょうけれど、十分報われているんでしょうけど」といい、「やはりなんか、疲れたなあーという感じですねえー、ほんと」ともう一回〝疲れた〟と言っています。そしてここは、「やはり」という言葉が入っていますので実感として受け止めることが大切になってきます。

ところが、クライエントは「もうちょっとですから、ハハハ」ともいいます。これは、彼女が答えを出している姿とみることができます。そしてそれに、「もうひと踏ん張りかなあ、ふた踏ん張りかなあ、しないといけないんですよね。」と、答えを出しています。そこから、クライエントなりに将来の見通しを出しながら「だから、そういう感じよりも、何か、実際の方がシンドインじゃあないのかなーという、何かそういう不安がやはりあるから」と、今の気持ちを語っています。

そして、つぎに、べき自分が顔を出します。「踏ん張れるようにならないといけない」がそれです。そしてこれから、新しく答えを導き出します。「もう一ヶ月ですから、忙しくっても家もなんとか決まったし、楽しいことも結構あるでしょうから、頑張ってできるのじゃないかな」がそれです。でも、そこから「頑張るのばっかりー一生懸命、頑張る、頑張る言うてやりょうったら、やはり疲れちゃうねえー」が出てくるのです。そして、ここでも、カウンセラーが適切な応答をしています。ここから、クライエントの話が変わっていきます。ここで一五分が過ぎ、テープが切れて、おしまいになりました。

第六項　逐語記録にみられる傾向

これからは、前の節で検討した記録を、前述の傾向に当てはめたらどうなるかということを見ていきましょう。

1　この記録の初めには、「……どういうんでしょう……それとはちょっと違ってきたような感じがするんだけど」とあります。すでに述べたようにこれは、これからの展開を示す大切な表現です。

2　引き続いて出てきたのが、「もう疲れちゃって」という言葉です。これは現在の気持ちですし、感じを現す言葉ですから、すでにお分かりのように、この言葉が、この面接を受けているクライエントの一番大切な、核になる気持ちの表現です。

3　ただ「疲れちゃって」とだけ言ったのでは、それがどんなものか、ほかの人、特に眼の前にいるカウンセラーに、分かってもらえません。そこで、この「疲れちゃって」を相手にしっかりと伝えるために、説明の言葉が、彼女の過去の経験の中から出てきます。その一つめが会社のことから始まる事柄の中の、彼氏と同じに忙しくしなければいけないこと、になります。そして、その中に彼女が大切にしていた気持ちの表現があります。もうお分かりのように、「落ち着かなくて、嫌だなあー」です。

4　これだけ言っても、まだ、彼女の「疲れたなあー」の的確な伝達にはならないと思ったのでしょう。その次に、将来の見通しが出てきて、一見うまくいくようにみえながら、「特になにか、あのー、人とのやり取りで疲れてしまう」と言っています。ここで、お話が、一つの区切りにきました。このようなところには、必ず大切な気持ち、核になる気持ちが現れます。ここが一つの区切りと思われますから、カウンセラーがしているように、ここで応答しましょう。2で出てきた気持ちは、このように必ず繰り返されますから、一つをきき落としても落胆しないできいていきましょう。この事例の場合、3と4とが一つのセットになっています。

5　第一番目のセットは、3と4です。その前の2は、今の気持ちですから、それは除きましょう。5は、前の3と同じ働きをしています。ここでは彼氏の親を話し、ついで自分の親のことを話していますね。そして、自分の親が自分に期待している、結婚式のあれこれと、自分が予定している結婚式のあれこれとがどうも折り合いがつかなくて困っていることを述べています。「やっぱり、生活感覚が違うし、それを親に分かってもらいたいのだけれど」というあたりがその一例です。彼女は解決策として親も混ぜて式をあげよう、と考えます。

6　このように5を話してきて、解決策などが語られたあと、「親とのやり取りがしんどくて、疲れる」と言っています。これは現在の気持ちですから、この6は前の4と同じ役割で、しかも違う例になっています。こうして、疲れた気持ちをもっと正確に分かって欲しいのですね。ここでは5と6とがセットになっています。

7　次に登場するのは、またまた違う例での、疲れた、の説明です。友だちの感想から始まって、彼氏に愚痴ってもはじまらないことなどが語られ、彼氏をよく解釈しながら、肯定的に自分をみています。「分かってくれているんだろうけど、何かそういうので慰められてはいるんでしょうけど、報われてるとは思うけど」という言葉がそのことを示しています。ここで注意したいことは、これらの言葉がすべて知的な領分から出てきていることです。

8　それに続くのが、「けど、やはり、やはり何か、疲れたなあという感じですねえー、ほんと。」です。これは、前の6と似ています。そして、前の言葉が多少とも知的だったせいもあって、ここでも、「疲れたなあー」ではなく、「……という感じ」になっています。という感じ、というのは感じを自分から少し離して客体的にみている姿で、自分の中からの実感の表現からは少し遠のいています。

9　「まー、でも、もうちょっとですから」ではじまるこのブロックは、クライエントの周囲の人たちの心温まる配慮や評価を参考にしながら、それでも不安が拭いきれない有様を語っています。「そういう感じよりも、何か実際の方がしんどいんじゃあないいんかなあという、不安がやっぱりあるから」と、クライエント自身の不安感を述べています。これは、基本的に8と同じ形ですし、気持ちの表現も同じ段階です。不安は彼女の実感のところから少し離れていて、8にみられたように、客体的な形になっています。

10　間が入り、沈黙が入りながら「人に、結婚式の準備で疲れたー言ってもはじまらないから」、「あと一ヵ月ですから頑張ってできるのじゃないかな」と物事を肯定的にとらえながら、でも「頑張る、頑張る言うて、やりょったら、やはり疲れちゃうねえー、ほーんとに」と、今の感じを現しています。

このように、一見でたらめに話が進んでいるようにみえても、ちょっと見方を変えてみると、整然と話が進んでいることが分かります。その解析は前の章でしましたから、ここでは取り上げません。しかし、この逐語記録は第一の傾向のものです。すなわちすぐに今の気持ちが出てくるというものです。

第四節　応答、相づち

第一項　応答、相づちの場所

前節でクライエントの話には、一つの傾向があることがはっきりしました。これはどのクライエントにもみられる傾向なので、一つの決まった流れのようなものといっていいようです。カウンセラーとしては、ここにしっかりと寄り添ってきいていけばいいことが分かります。

逐語記録に登場するクライエントは、今の気持ちを出していますから、今の気持ちの出たところに反応すれば「あぁこの人はきいてくれるな」と思うでしょう。

前節の事例の流れを手がかりにして検討していきましょう。一五分に及ぶ面接の流れが一〇のブロックに分けられていますから、そのブロックごとに検討していきましょう。

1の部分は、説明にもありますように、自己を伝える準備段階に属するところですから、こちらとしては、「さあ始まったぞ、この人の気持ちがどのように語られるかきちんと気持ちに添っていこう」という心意気で相手のリズムに乗ることや、きく態勢をつくることに重点を置けばいいわけです。

このようにしてきいていきますと、2の部分に入り、もう疲れちゃって、という言葉が出てきます。きちんときく態勢になれていれば、この言葉が出てきた時に、すぐ、「疲れちゃって」と言えるでしょう。でも、言えなかったらどうしましょう。すぐに気持ちを「うん」という感じで切り替えて、「今度出てきたらここで相づちを打とう」というようにすればいいのです。いつまでも、「あのところで言うんだった」などとくよくよしないことが大切です。

3の部分は2の説明ですね。この部分はクライエントの日常生活が語られるところですし、大げさにいえば、彼／彼女の履歴書の一ページに当たりますから、「うん、うん」としっかりきいていきましょう。そうすると、彼／彼女の人間の見方や感じ方の特質が気づかれたりもします。この事例では「落ち着かなくて嫌だなあ」が出てきました。これも気持ちの表現ですから、そこに相づちを打ちましょう。でも、この感じは「疲れたなあ」ではありませんし、この気持ちも現在形で重要です。二つの気持ちの表現のうち、どちらかを大切な気持ちとして心にとどめておけばいいかは分かりません。それは相手が決めることですので、ここでは二つを大切にしていきましょう。

次の4番目のブロックの話では、どうも、「疲れた」話の中味のようになっています。3の部分とは別の例を引きながら、話が進んでいきます。しかも、特に、人とのやり取りで疲れてしまう、ということが語られていますから、大切な言葉はこちら、つまり「疲れたなあ」にあることが分かります。ここに相づちを打てばいいのですね。「疲れたなあ」が核になる気持ちの表現です。カウンセラーはこの気持ちに応答しましょう。

さあ、核が感じられました。「疲れたなあ」にこちらも気持ちを集めていきましょう。

一つ核になる気持ちが再現されて、クライエントの心構えが動いたのでしょうか。ほんのちょっとですけれども話が具体的になっています。それは、自分の予定している結婚式の挙式の仕方についてです。生活感覚が違うのもちゃんと認めて、一つの解決策を探っています。

6番目のブロックへいきますと、でも親とのやり取りで疲れてしまう、という気持ちが語られています。もうつぎの節目へきたのです。ここで、カウンセラーは、この核になる気持ちの表現に応答をすればいいのです。

7番目のブロックへくると、また違う例で疲れたこととの説明がなされていることに気がつきましょう。これも、前に出てきた説明のブロックと同じように気を引き締めてちゃんときいていきましょう。

このように進んできたクライエントの気持ちは、相手のカウンセラーの応答が堂に入っているために、ここでは、核の気持ちを少し自分から離してみれるようになっています。それが「やはり何か、疲れたなあという感じでねぇ」にあります。説明は前にしてありますから省きますけれど、ここでクライエントの気持ちが少し落ち着いたことを感じ取りましょう。

少し気持ちが落ち着いたためでしょう。自分の今の状態を客観的に、気持ちをさらに落ち着けるためにでしょうか、前向きの意欲を語りはじめています。不安感がありながら、形は前のブロックと同じでありながら、前向きの気持ちが感じ取られるのです。ここを大切にしましょう。

10番目のブロックでは、不安感が表現されているにもかかわらず、全体としては肯定的になっています。

このように事例をみてきますと、もうお分かりでしょう。どこにカウンセラーが相づちを打ち、応答をすればいいかが。そうです。応答は、核の言葉が出てきたところです。相づちは、基本的には、説明の話の中に出てくる過去の気持ちを表現しているところです。それに、時間を現す部分です。

それではそのほかの部分に相づちを打ったり、応答したりしたら駄目なのでしょうか。私は、そうは思いません。どこに相づちを打とうと、応答をしようといいと思ってはいます。でも、クライエントが、自分の望んでいる応えて欲しい部分に間違わずにきちんと相づちや応答ができれば、もっといいでしょう。

私は、ここで、次のことを申しあげようと思います。それは、ロジャーズの言葉です。彼は一九六二年の論文の中で感情移入的態度について述べています。「ここで感情移入的態度について述べたが、次のことを明らかにしておきたい。つまり、私は、カウンセラーがクライエントの言ったことを、そのまま反射し返すという、偽りの理解を不自然な技術で示すことを支持しているのではない。カウンセラーの教育や訓練の中に時どき取り入れられている、私のアプローチの仕方を解説したものを見て、私は少なからず戦慄させられてきた」というのがそれです。私は、この章全体に流れているものが、カウンセリングの技術ではないと言います。こうすればいいというのは、私たちのささやかな実践の中から出てきたもので、私の中にある仮説です。読者はご自分でロジャースの論文に書かれてあることを参考にして、騙されたつもりでそのまま実践し、結果として出てきたものを基準にして、そこに書かれてあることが真実なのかどうかを判断し、実力をつけていって欲しいのです。言葉で表されたもののみをそのまま受け取って、簡単に真似て、結果だけをつまみ食いするように、こうすればいいというように受け取って欲しくないのです。

特に、核になる言葉がどこに出てくるか、とか、相づちを打つ場所はここ、とかというようなものについては注意を要します。とかくこのように記述しますと、技術論になって受け取られてしまうからです。このようになったのでは、もはやカウンセリングではありません。ほかの分野でも、このような技術論は通用しないと思えるからです。どうか上辺だけの真似で、あたかも真実を体得したかのような錯覚に陥らないで下さい。このような応答ができるのはカウンセラーの態度からなのであり、態度要素を除いて応答しても、本当の実力はつかないと思うからです。

第二項　応答、相づちの対象となる言葉の性質

ジェンドリンの著作の中に、「成功評定は言葉の内容に関するいくつかの尺度とはまったく相関がないことが分かった。クライエントが主として過去の事象について語ったか、現在のことについて語ったかということは、何の差異ももたらさなかった。他方、成功尺度は即時性の評定尺度と相関を持っていた。治療中の観察によって、もろもろの感情について単に語るのではなく、もっともしばしば直接的に、即時的に（with immediacy）感情を表明するクライエントは、評定による成功の度合も高かった。」とあります。この一節が示している実態は、私のおこなったささやかな研究でも同じ結果を得ています。クライエントの語る過去の事象と現在のことは、どちらも知的な内容のものですから、そのどちらに応答しても、体験過程を促進することにはならないのです。カウンセラーが知的な場所に応答しても、クライエントの体験過程には目立った変化がなく、その事柄の話がどんどん続いていくという結果をもたらします。

一方、即時性というのは、カウンセリング界でよく言われる「今・ここで」という概念の別称ですから、今・ここでのクライエントに応答すると、評定も、成功と判定しているように、その

応答なり相づちなりはクライエントの心の芯に深く入っていくものになることが分かります。なぜかと言えば、そこにクライエントの体験過程が現れているからです。

第五節　ミニカウンセリングの効果

前節でミニカウンセリングの概説をしましたが、実際にミニカウンセリングを実践した人がどのような感想を持っているかを述べなかったのは、片手落ちでした。この節ではミニカウンセリングの実践がどのような効果を生んでいるのかを、学習者の感想文によって明らかにしていきたいと思っています。以下の文章は学習者ご自身の実感の文字で、少しも手を加えていませんので、あらかじめお断りいたします。

ただ、M．K．さんだけは新たにアドバンスドコースへいらした方で、ミニカウンセリングを実践していませんけれど、参考までに基礎コースでの学習の内容をお分かりいただけると有難いです。一年が二期に分かれ、それぞれ一二回の学習をします。学習者は、平均七回から一一回ぐらいの面接を行います。ものの観方の変化は徐々に現れてくると思いますが、その結果をご覧下さい。

正直に申しあげますが、ミニカウンセリングを実践して、すぐに以下のような変化がでてくるものではありません。早い人で二～三年、長ければ五～六年かかります。平均で三～四年でしょうか。

（M．K．氏）

基礎コースを受講して印象に残ったことはロジャーズがカウンセラーの態度条件に東洋思想が大きく反映されていることでした。

「あるがまま」の自分であること、無為自然ということでした。

言うは易く行うは難し、煩悩愚息の私ですが、精一杯努めて、クライエントの気持ちに無心の心で寄り添いたいと念じています。

伊東博がいうように自己一致、受容、共感的理解、そして「存在」といった基本的態度三条件はカウンセラーの立場にかかわらず不可欠のものだと思います。

片岡先生から紹介のあった「生の全体性」を熟読します。

これから企業内にあって認知行動療法や、ブリーフセラピーといったさまざまの心理療法に触れること思いますが、ロジャーズの態度条件がカウンセリングの基底に深く横たわっていることを片時も忘れず常に初心に返っていきたいと思います。

次からはアドバンスドコースの方々の感想文で、ミニカウンセリングを、少ない人で一年間、長い人で五〜六年間も学んでいることをお断りします。事例の前にはその方のイニシアルを載せました。なお、ご本人たちには了解をいただいていることを申し添えます。

（Y．N．氏）

前回に引き続き、今期も素敵な人生の先輩とミニカンのペアを組めたことは、とても幸運なことでした。ここのところ、私の中には自分の小さな灯りだけを頼りに、暗闇の中を右往左往しているような感じがずっとありました。そんななか、前回のKYさんといい、今期のSAさんといい、お二人は私にとって、暗闇をさーっと照らしてくれる燈台のような存在でした。ああこんなふうに生きていらっしゃる方達がいるんだと思うたびに、少しずつ楽になっていったような気がします。

この一年間、お二人とのミニカンを通して、穏やかだったり温かかったり、楽しかったり……今まで自分ではじっくりと味わうことのできなかった気持ちを伝えていただきました。先生がよくおっしゃる「人がらにふれる」ということはこういうことでもあるんだ！という風に、今しみじみと感じています。そして自分の中にも何かゆったりしたものが育ってきてように思えるのです。そのせいか、この頃妙に子供達のことが愛おしくてたまらなくなる時があるようになりました。ちょっと不思議です。それが主人にまでなかなか及ばないのは、これもまた不思議です。

さて来期、私はどのように変わっていくのでしょうか？　もちろん不安もいっぱいあります。でも、それに負けないくらい楽しみな気持ちもあるのです。この感覚は、子供の頃以来の久々の感覚です。悪いことよりいいことを信じていこうとしている自分、ゴチャゴチャと悩むよりは、目の前のひとつひとつをやってみようとしている自分を感じ、なんだかやっと自分で自分を認めることができるようになったような気持ちがして、今とてもホッとしています。

（S．E．氏）

今期ミニカンでは、COさんがCLの鏡になることでCLに気づきがあることが分かりました。CLの私が困っている気持ちをCOのYさんに伝えた時、COさんは鏡のようになって、困った表情でじっと見つめてくださいました。目をそらさないで、じっと見つめてもらっているうちに、見守られていると感じ出しました。

COさんがどっしりと構えていてくださったのでCLは安心した気持ちになれました。そして何も指示されないことでCL自身に問題解決能力があると信頼されているという気持ちをいだきました。そうすると、また少し、自身がわいてきました。

何か独りよがりな気もしますが、自分でかってにそう思うことにしました。

それはなんだか、心地よくて、心が弾む感覚でした。

CLになりCOさんに話をしっかりきいていただき今の自分を受け容れて、認め納得することが、前進につながっていくような気持ちになっています。

その作業のお手伝いをしてくださるのがCOさんなのだと今はそう思えます。

CLとして得た、もののとらえ方、感じ方を実際のカウンセリングではCOとして生かしていきたいと思います。

Yさんから、COとしての、とっても大事な姿勢を学ばせていただきました。

ありがとうございました。

（E．S．氏）

先日職場でトラブルがあり、私の仕事内容に関わることでした。

その時自分のできる事、やらないといけない事がスッスッとでてきて行動していた自分がいました。

自分が出来る事をやらないと！

出来る事をやっていると、後から、問題点や反省が見えてきて、今後どうすればいいかを、落ち着いて考えられました。まさに『結果は後からついてくる』です。

不思議でした。今回の事に対しては、何にも腹が立たない自分がいました。

同僚から「Sさん尻拭いさせられたんだから、もっと怒ったら。これで何回目だ！って言ってやれ」っていわれた時『この人、まだ、そんなところにいるんだ。私の中では今後どうすればいいか提案したし、私が対応すべきことはもう完了。』

同僚の思いは今までの私だったんだなあ……

悩んだり怒ったりするのは後回し、その中でやることを見つけだし、やっていこうとしている。それは、無理がなく自然に……。

後日、トラブルのあった職場長がお詫びと改善対策の報告のために来られたのには驚きでした。その職場長は上から目線の方の印象だっただけに『自分が変われば人が変わって見える』というおまけまでついた感じで嬉しい出来事でした。こういうことばかりではないですが、この思いを何度も何度も繰り返していければいいなあとそんな思いです。

今の気持ちを話す事、話せる事の一五分のミニカンの大切さ、その短時間で、何かしら感じたり見つめられ集中で来るようになってきている自分を感じています。

いままで、何人もの方とミニカンをやらせていただきました。

お話をきいていただき、きかせていただく、貴重な時間だと、より強く感じています。

前回はローズピンクさんとのミニカンで、私の欠点であり嫌な部分のお話をきいていただき、その時から、不思議とお互いの話が深まったように思え、毎回のミニカンが楽しみでした。講座に参加している方から「Sさんたちのミニカン読むのが楽しみです。」っていわれ、なんだか、こそばゆい嬉しい感じでした。

今回はHさんともペア、とにかく一番の気づきは、七回のミニカンで、過程尺度のいろいろな段階をみさせていただいた事です。

Hさんは、今までご自身がCLの逐語検討の場の経験はありませんでした。今回の七回のミニカンで、検討事例として二回、とても大きな温かいものだったとCLさんから後からおききしました。

皆さんの真剣なグループ検討や、検討中、先生のそばで感じられたものは大きいと私も強く感じます。ミニカンのコメントとして、先生は勿論、何人かの方が内容を読んでくださってご意見を戴けたと「ミニカンは、真面目な真剣さの前では、理屈（頭）なんてどうでもよくなる。しゃべってしまうんですよ」ろいうAさんからの励ましの言葉。

などなど。皆さん、本当にありがとうございました。

講座の最終日に、手許にあるミニカンの記録を再度丁寧に読み返してくださいといわれ、改めて読み直しHさんがしっかりと自分を見つめて話されていたと感じています。C．ロジャーズの論文、パーソナリティの変化の必要にして十分な条件の第六番目、決めるのはCL……CLであるHさんから、有意義な時間、良い体験が出来たとのお言葉、何よりだったと感じています。

（M．A．氏）

〈今期学んだこと〉

〝パーソナリティと行動についての一理論〟（カールロジャーズ）を使っての岸田先生の

講義により、経験の一部だけが意識化されるが、それ以外のものは、無視、拒否、歪曲化され、人間関係で心理的不適応をもたらす。経験をあるがままに知覚し、受容できるようになれれば、他者受容もできるようになる、ことを学びました。

この学びと同時進行したミニカンから次のような気づきがありました。

〈ミニカンからの気づき〉

……カウンセラーとして

1) ミニカンのパートナーはJ．H．さんで、一〇回行い、逐語記録を七回提出し、皆さんに二回検討して頂きました。

七回のうちキーワードは五回ありました。(気持ちいい、不思議、落ち着いています。落ち着いてきました。楽)

2) はじめは事柄に知的に反応することがありましたが、後半には、気持ちが出てくる段落のところで、まとまったセンテンスで返すと話が深まるという気づきがありました。

3) クライアントさんと、言葉だけでなく、感情をも含めて全身で受け止めようとし、安心して自己を語られるようにと祈るような気持ちで対していました。

4) 時に沈黙を味わいながらゆっくり自分を語られるクライアントさんと、朝四時にでもテープを聞いてB面に、時に厳しくそして優しくコメントして下さる先生のお陰でカウンセラーカウンセラーの力がついた気がしています。

……クライアントとして

1）前期の研修リポートのなかで、長らく自分が被っていた仮面を思い切って外し、これからは、誤魔化さない、嘘をつかない、隠さないで、醜い自分もありのままに暴け出して、自分の裏表を一致させて生きていきますという決意を披瀝させて頂きました。

2）あれから半年、次のような変化が私に起きました、とてもよくきいて頂けるカウンセラーさんにお話ししました。

a　私を覆っていた厚い雪が掻き出され、溶けて、私という地肌が少しずつやっと見えてきました。

b　毎日が新鮮です。道の自分との出逢いに時めいています。緊張してハイテンションです。でも心地よくて、ほんとに生き生きしている実感がしてます。

c　気持ちは、安定し、流れに逆らわず、身をゆだねている自分を感じます。

d　他人への嫉妬、他人との闘争心よりも、どんな人にも必ずあるよいところを見つけて学ぼうと思います。

自分と他人との境目があいまいになっています。

今まで濁っていた自分が澄んできて、透明になっていっています。

e　自分の喜びを求めるより、私の言動で他の人が歓ぶならもっと嬉しいです。

f　失敗はなく、あるのは自分のチャレンジの結果で、もし不十分なところが見つかれば、その苦い経験をエネルギーとしてより自分らしく成長するチャンスにします。

（H．T．氏）

ある日、勉強会へ向かおうと会社を出たものの、その時、少し強めの疲労感を感じた。足取りが重かったのだが、電車を乗り継ぎながらSに向かうと不思議なことに、だんだんと疲労感が少なくなり、足取りが軽くなっていることに気がついた。その日は、こんなこともあるものだと思うだけだったのであるが、何度かそんなことがあることに気がついた。

今まであまり考えもしなかったのだが、会社での私は少しぎこちなさがあったのかもしれないと最近思っている。こうあるべきという感じが少し強く、笑顔もどこかぎこちなく明るく振る舞ってはいるものの、どうも作られたもの、そんなふうに思うようになってきた。別にこれが良いとか悪いとか言っているのではなく、集団としての協調性を意識したり、和を乱さないようにということを意識しすぎると、私の行動がこうなってしまう。そんなことに気がつき始めた。そして、この自分ではない自分を演出することが疲労感を溜める原因の一つではないかと思う。当たり前のようにそんな毎日を過ごしていたのだが、それに気がつかせてくれたのは、この勉強会でのミニカウンセリングと勉強会に来られている周りの方達からである。

まだまだ私にはミニカウンセリングで自己を語る、今の気持ちを語るということは簡単なことではない。うまく今の気持ちを語れないことの方が多く、事柄だけをワーッと喋っている時もある。そんな時にはカウンセラーさんの勉強にもならないので、まったく申し訳なく思うのだが、今の気持ちを話そうとすることが自分なりにできたと感じた時、今の自分の気持ちを通して、過去の自分をふり返ることができた気がした。

カウンセラーさんに気持ちを語っていると不思議なことに、なんだか自分自身に話しかけているような気持ちになったことがある。話を聴いてもらっているのはもちろんカウンセラーさんなのだが、あたかも、自分自身に話しかけているような感じがしたのである。私自身に自問自答しているような気がしたのである。カウンセリングはdialogueの世界でなりたつものだと当然のように思っていたのだが、この時のカウンセリングはmonologueの世界なのではないかと思ったほどである。そして、このミニカウンセリングを通して本来集団行動で必要とされる協調性が、今までのような硬い協調性から、やわらかい協調性を意識した行動に変わってきたような気がする。

そして、勉強会に来られている先生、周りの方達から多くのことを学ばせて頂いている。特に感じたのは皆さんの人がら、先生もよく言われているので、取って付けた文章のように感じてしまうかもしれませんが、これはほんとうに私がそう感じていること。私は勉強会に参加をされている方達を見て、

「何で自然とこんなよい態度がとれるんやろう」

「面白いなあ。自分にもこんなユニークなところがあったらなあ」

「周りに気がつくなあ、自分とは偉い違いやなぁ」

「話の仕方がうんと上手やなぁ。自分もあんなんに話できたらなあ」

周りの方達を見て素敵だなと感じることがとても多く、少しでも自分に取り入れたいなと感じさせられることが多い。そして、そんな一日を過ごさせていただくと、今日も勉強会に来てよかったと一日を終えることができるのです。それを少しでも生活の中に取り入れていこうと思うと、妻の良いところ、子どもの良いところと仲間の良いところにも気がつくようになってきた。

何がどう自分に変化をもたらせているのかはまだ具体的には分かっていないのかもしれませんが、少しずつ自分の変化に気が付きだしたのは確かです。

勉強会に参加させていただいて自分自身の今後の課題もできつつあります。今回からの勉強会ではそれを意識しながら学習を進めていきたいと考えております。


（K．H．氏）


岸田先生が良く講座のなかで、ミニカウンセリングの逐語記録の講評をされることがある。

「自分を語りなさい。クライエントが自分を語らないとカウンセラーの成長のためになりません。皆さんはまだ知的なところばかりを話しています。それでは駄目なんです。情を語らなければ。」

先生の伝えたいその意味するものの深さが、本当のところまだまだ確として理解できていないと思う。

しかし、クライエントとして今回のミニカウンセリングでは、回を重ねるごとに自分自身に次第に向き合えていったと思う。

するとどうだろう。カウンセラーの成長は一旦横に置いておくとして、語っているクライエントとしての自分の、日常生活へ向かう態度、気持ちが次第に微妙な変化を生じてきているのが自覚できるようになった。

言葉ではとても表現しがたい感覚であるが、枠が柔らかくなっていったというべきか、周囲の思惑が余り気にならなくなってきた。

「自分が自分であること」とは文字で表すと、げに至極当たり前のことであると思っていた。しかし、それはただ字面で理解していたに過ぎなかった。

日頃の自分の行動や言動に自分が無理を感じなくなり、また仮にしでかしてしまったとしよう。そうであったとしても「ままよ、ままよ」と、すぐに次善の策へと向かうようになっている自分が育ってきて、身体が今とても自由だし楽である。

「自らを語る時は言葉が長くならない」と教わってきたが、なるほど余り長いのは嘘（うそではないかもしれないが、あれこれこねまわしたもの）が混じる事があると合点してきてもいる。

今回のミニカウンセリングの相方を努めてくださったSさんに感謝の気持ちを捧げたい。

以上長々とお読みいただいたことに、有り難うございますとのみ申します。

〈参考文献〉

岸田博他共著、一九八四、カウンセリングの学び方、道和書院
カール・ロジャース、畠稔訳、対人関係・ガイダンスの核心、日本学術出版社

第八章　過程尺度とその使い方

この章では、私が長年たずさわってきた過程尺度の学習から、私が得たことの一端をお話申しあげ参考に供したいと思います。

なお、文中に〝人格が変る〟という表現がありますが、これは人格がますます豊かになっていく意味を指しますので御承知おき下さい。

第一節　人間の変化の過程

第一項　カウンセリングを受けると人間に変化が起こる（豊かな方へ向かって動き出す）

ロジャーズは、カウンセリングを受け続けている人々の初期の自己像と終結時の自己像とを比べた時、ある一つの傾向があることに気づきました。それは性にも学歴にも社会的地位にもそのほかのあらゆる条件にも関係なく、すべての人間に同じに認められる傾向でした。彼はこの傾向を数字で置き替えました。そのための物差しが過程尺度といわれています。

それは、こういうことが話されたから次にはこういうことが話されるのではないか、今こういう気持ちを表現されたからやがてはこういう気持ちが表現されるだろうというように、面接の進んでいく方向や段階が予測できるということです。つまり面接がどのような過程を踏んで終結にいたるかが予測できるということです。彼はたくさんの事例を検討した結果、その方向が確実だと分かりました。ここから来談者中心カウンセリングでは、クライエントの人格の変化には一つのきちんと決まった流れがあるということが見つけだされたのです。

この事実を抜きにして、ただひたすら応答の練習ばかりを延々とおこなっていても、あたかも闇夜をなんの頼りもなく飛ぶ飛行機のようで、効果はあまり期待できないでしょう。その飛行機に管制塔から指示があれば、飛行するためのいろいろな事柄が分かります。これと同じように、最初の段階ではカウンセラーの基本的な姿勢や態度を獲得しなければなりませんから、そちらの勉強をするのです。そして次の段階になったら、カウンセラーの姿勢がクライエントのどこにどのような影響を与えているか、どこでどのようになっているのかをしっかりとみることが勉強の最重点項目の一つになっていると考えます。

人間の自我が芽生えてあとからならば、学問、社会的な地位、悩みにも関係なく、クライエントといわれる人の人格の変化は一つの方向をもっています。この方向が一つの同じ人格変化の流れの上にあることを示すもので、過程尺度でその流れがはっきりと分かります。

第二項　過程尺度ができるまで

過程尺度ができるまでにはいくつかの段階がありました。ロジャーズが一九四二年に「カウンセリングと心理療法」という書物を出して、その当時まで科学的・伝統的といわれたカウンセリングのやり方はカウンセラーがクライエントに指示をすることが中心になっており、その点が治療を促進させなくしていて効果的ではないと言いました。彼は、自分のやり方を指示しないやり方、非指示的（Non Directive）と言いました。

「一九四〇年ロジャーズは、療法には一定の過程があることを主張して六つの段階をあげている」と沢田慶輔はいいます。彼はさらに「一九四二年にロジャーズはその過程を次のごとき一二の段階に分けている」と語り、「これによって彼の非指示的カウンセリングの方法がはじめて確立されたものといえる」と続けて、次のような一二の段階をあげています。

1　個人が助力を求めにやってくる（クライエントが自発的にやってくるということは、彼がその問題解決に向かって一歩を踏み出したことを意味する）

2　助力を与える関係であることがはっきり示される（クライエントが自身で問題を解決するのであり、カウンセラーはそれに助力を与えることが最初に示される）

3　クライエントの感情を自由に表現させる

4　カウンセラーは、クライエントによって表現された否定的感情を受容し、認め、またはそれを明らかにしてやる（敵意、憎悪、嫉妬などの否定的感情を受容されると、クライエントはそれを自分のものとして認め、さらに表現を励まされる）

5　否定的な感情が十分に表現されると、一時的ながらも微かな肯定的感情が表現され、これが成長への重大な踏石となる

6　カウンセラーは、否定的な感情を受容したとまったく同じ態度で、この肯定的感情を認め、受容する（「受容」acceptするだけであって「それは正しい」「よいことだ」と是認approveあるいは賞賛praineすることではない）

7　この洞察、自己理解、自己受容は、全過程において二番目に重要な面である

8　この洞察と相前後して、どう決心したらよいか、どの方向に進んでいけばよいかということがクライエントに分かってくる

9　ここにこの方法のもっとも重要な場面が展開されてくる。すなわち僅かではあるが極めて重大な積極的行動が始まるのである

10　ここまでくると、あとの段階はただもっと成長するということにつきる。まず第一に洞察の拡大深化である

11　クライエントにもっと積極的な統一のある行動があらわれてくる

12　助力の必要がだんだんと感じられなくなり、カウンセリングの関係を集結しようという気持ちになる

ロジャーズはこの一二の段階を示すことによって、カウンセリングを受けているクライエントが基本的にどのような過程をたどって自らがもっている成長力を解放し、すばらしく豊かな人格の持ち主に変わっていくかを示しました。

この過程を実際の研究で示した人がいます。ルイス（Lewis,V.M.）とスナイダー（Snyder,W.U）がそれらの人です。沢田慶輔によると、スナイダーは一九四五年にこの過程の研究をおこなって次の三つの結果を得ています。

一　はじめは、クライエントの「問題の叙述」がクライエントの発言の約半数を占める

二　中盤にはそれが下降するとともに、「理解と洞察」の表現が上昇する

三　終期には「計画の話し合い」が増加してくる

これは次のように言い換えることも可能でしょう。すなわち、

第一段階は初期の段階で、その中心はカタルシスです。この段階ではクライエントが自分の心に溜っているものを、堰を切ったようにたくさん話す段階です。自分の心の中からあふれる思いを語りに語って胸が軽くなるまで続ける時期です。これが充分におこなわれると心の重荷が徐々に軽くなり、自分の内面を振り向くようになります。

第二段階は中期で、理解と洞察が中心になります。自分の中を振り向くと、はじめて自分の存在のほかに他人がいたり、他人とのかかわり合いの中でいろいろな事柄や場面で動いている気持ちや行動があるということが見えてきたりします。この段階は辛く苦しく、今までの価値観が崩れ新しい価値観に変わっていく段階でもありますから、カウンセラーの助けが必要になります。

第三段階はおしまいの時期です。ここでは新しい計画と実践が中心になります。新しくなった自分がその目指す方向へ向かって自分から計画を立て、自分から実践することによって前進していく段階です。

カタルシスの時には話さずにはいられなかったクライエントが、心が軽くなるにつれて余裕が生まれ、内面を振り向くことによって自分の新しい面に気づき、その新しい自分で再出発していくという過程が現実にあるというようにまとめることができるでしょう。これはとても大切なこ

とです。

ロジャーズはこの過程をもっとはっきり誰にでも納得のいく形で現したいと考えたようです。彼はスチーヴンソン（Stephenson,W.）が考案したQテクニックと呼ばれる方法を使ってこの過程の流れの中にあるクライエントの人格の変化をはっきりと示したいと思いました。

Qテクニックというのは一〇〇個の自己記述文を、「自分にもっとも似ている」ものから「もっとも似ていない」ものまで九つの群に分類する作業をします。この九つの群への分類はその結果が正常分布を示すように、一つ一つにはいる項目の数が決められています。これをカウンセリングが始まる前やその途中、終ってからなどのいろいろな時期にクライエントに実施して人格の変化をみようとするものです。Qテクニックをおこなった人にハートレイ（Hartley,M.）やフィードラー（Fiedler,F.E）がいます。

ロジャーズは一九五四年にダイモンド（Dymond,R.F.）とともにQテクニックを使って研究を完成させています。その結果は、

一　面接の開始時やそれ以前では、今の自己像がこう在りたくない人間像にぴたりとかさなっている。

二　面接の途中では人格の変化の具合いに応じて今の自己像が理想的自己像に近づいていく。

三　面接の終期には、もっともっと今の自己像が理想的自己像と一致するようになっていく。

という内容でした。

これまでの研究活動や業績が評価されて、一九五六年にアメリカ心理学会から、ロジャーズに科学功労賞が贈られました。彼はこの賞についていた条件を満たすことも含めて、この賞にふさわしい研究をまとめようとしました。彼はそれから二年間、いままでの面接記録をじっくりと読み返し、そこから一九五八年に過程尺度を導き出しました。もちろん、この時期には過程尺度を生み出すもとになった「過程連続線」の考えや「過程方程式」の考えなども論文になっています。

第三項　過程尺度の誕生

一九五六年から一九五八年までの二年間、ロジャーズは、クライエントの人格の変容は面接場面でのクライエントの知覚の変化によって示されるのだから、逐語記録を丁寧に分析して知覚の変化を追い、文字になっているその場所を特定できればそのクライエントの人格の変化をあとづけることが可能であるという確信のもとに、面接記録の解析に励みました。

彼は何よりも書かれてある言葉どおりに逐語記録を読み、その結果をまとめました。彼は人格の変化は徐々に、一つの連続したつながりの上で生ずると考え、この考え方を過程連続線と名づけました。彼は、人間には観ることのできる二つの極があると考えました。片方の極は固定的、固着的、概念的、普遍的で、流動性に乏しい極で、もう片方は弾力的、流動的、易変的、有機体的な極です。面接を継続していくとクライエントははじめの極からあとの極へ向かって自己知覚を変化させ、人格も変化していきます。この徐々に起こる変化も、クライエントがあるところまで到達すると自身に知覚されます。固定から流動へ向かって変化していく途中に、クライエント自身が自分の状況を気づく場所があるのです。

このような観点から、ロジャーズはクライエントの知覚の変化を客観的に示す尺度を作りました。これができ上がるまでには、彼によると二つの段階が考えられています。

第一段階：自然科学的記述（naturalistic description）の段階

二年間の逐語記録を見て面接の根底に横たわる秩序と傾向性を発見しようとした時期です。彼はここから、カウンセリングの過程は一本の直線の上に示される行動として考えられること、それは七つのはっきりした段階に分けられること、またその流れを構成する別々のいくつかのストランズと呼ばれる構成要素によって成り立っていることを見つけ出しました。

第二段階：精密化と検証の段階

ロジャーズは彼のもとで研究に励んでいる人たちに依頼して、さまざまな被験者に対して彼の過程尺度の信頼性と妥当性を検証しました。その結果は、この過程尺度が高い信頼性をもって面接資料に適用されうることやその結果の評価がカウンセリングによるほかの進歩の基準と高い相関関係があることがわかりました。

このような流れで実際の使用に耐えることが確認された過程尺度とは、どのようなものでしょう。

第二節　過程尺度

第一項　過程尺度の構成

過程尺度は、別の表現で大ざっぱに言えば「現象学的な見方に立って、治療ないしは人格の発展のためにおこなわれる関係の中から出てきたものを、クライエントの側に立ったものの見方から出てきた資料をもとにして、他者が客観的に評価できるように作り上げた尺度」ということができます。その構成は過程段階とストランズとからなっています。

一　過程段階

固着の片方から流動の片方までを、カウンセリングによって動いていくのがクライエントであると考える時、この流れを便宜的に七つの段階に分けることができると彼は考えました。それを一つずつ説明していきましょう。

第一段階　体験の仕方が固く自分から離れていますし、やること為すことが全然自分ではありません。もちろん自分から進んで相談にこようなどと考えることはありません。自分がどうなっているのかなどということは、感じようともしませんし、それらは自分に関係のないことです。

第二段階　自発的に相談に訪れる人もでてきますが、たいていの人は自分のことを話さず、世間の動き、他人のこと、職場のこと、家族のことなどを話すことに終始します。自分のことに話題が近づくと適応機制などを使って防衛します。この力は固いです。

第三段階　自分のことを客体的に述べることが始まります。自分のことを話題にしますが、あたかも店先の品物を説明するように述べるところにその特色があります。このように自分が登場することが何よりの特色で、次いでその自分を客観的に説明するところに第二の特色があります。

第四段階　感情が流動して、自由な発言や表明が多くなるのが特徴です。発言内容は首尾一貫していなくて、前後に矛盾撞着があります。カウンセリングの大部分はこの段階だといっていいでしょう。

第五段階　これまで抑圧してきた事柄、気づかなかったことが話の中に出てきて、話すと苦しいけれど清々する、という発言が聞かれます。事柄を抑圧していたり、禁止していたりしていた自分に気づき、それを言葉にしてカウンセラーに伝えることがこの段階でおきます。これは大変なことです。思い切って、勇気を振り絞って自分の厭なところをカウンセラーに伝え、それが相手に受け入れられた時、「言って良かった」という心からホッとした気持ちが湧き出てきて、その心に励まされてまた次のどろどろしたものを口に出す、という過程の繰り返しで、目から鱗が一枚ずつはがれていくような体験が繰り返されます。

第六段階　感情が豊かに流れ、体験されて、感情に導かれたまんまの自分になろうとします。顕著な、劇的な変化が起こります。この段階は非常にスムーズに進行します。普通の生活をしている人たちは多くこの段階にいます。感情に導かれる自分になろうとするというのは、知的なもの、概念を主体に動こうという気持ちがなくなってきていることを示すもので、その意味では、とても大切です。

第七段階　なんら助力なしに自己の新しい次元を自覚し、ダイナミックにながれる感情を自己の特色として自分が統合している状態です。これは、自分という人間がきちんと主体となって動いていて、その構成要素として、すべてのものが集まり、しかも流動的に動き、いつも移り変わっていくことに安心していられる状態です。

二　ストランズ

ストランズというのは、ロジャーズが考えだした、人格を構成する要素群です。すなわち、自分という人間を構成しているいくつかの構成部分です。ストランズは、七つの部分から成り立っています。飯塚銀次が作製した過程尺度の表を下敷にして一つずつ見ていきましょう（二四二～二四三頁参照）。

1　感情の個人的意味（FPM）

私たちの中には、感情があります。カウンセリングの原則のところで、ロジャーズはクライエントの感情の王国に直接触れなさいという意味のことを述べています。私たちが何かを語ったら、必ずそこには、それを語りたくなったわけ、気持ちがあるということを示します。どのように現れるか、その流れをみましょう。

第一段階　「自己の内部感情を意識しないから、本当の気持ちは出てこない。感情はその人にもあるけれど、過去の遠く離れたものになっている」とあります。ここから、気持ちが出ているように見えても、本当には出ていないようだ、感情を生き生きと述べるのではない状態だと汲み取れます。たとえば、周囲の人、特に先生や上司からカウンセリングに「行け」といわれてきた人などは、自分からおかしいとは思っていませんから、当りさわりのない話をしたり、要件だけで済ませたがったりということが起きるといっていいでしょう。こういう人はカウンセリングの場所に長くいたいとは思わないでしょうし、早く帰りたいでしょう。この状態にある人は、自分の中身を出す必要はなんにも感じられませんから、話は当然自分からいちばん離れた、常に安全地帯に自分がいる話になります。自分が少しおかしいかなと思っても、他人を信用できなくなっている人は、やはり、同じようなところにいます。けれど、目の前に座っている人がいつも会っている人と少し違うなという印象が心の中に沸き上がってくると、なんとなく気を許して話しだします。ほんの少しですけれど場面の知覚が変わりました。

第二段階　「感情は時々意識される。しかし、非人称的である」とあるように、非人称的というのは人称というのが「私」とか「あなた」とかいうことですから、人称でないということは、話の中の事柄としてしか人間のことが出てこないということを示しています。自分の感情が出てきても、できるだけ、自分とは関係がないようにしようとしますし、話は第一段階よりも少し自分の方に近づいてきてもまだ自分を語ろうという動きはありません。ききてが質問などをすると、関係があるようにならないために、理屈が出てきます。これが適応機制と呼ばれるものです。ところがなんとなく〝この人話を聞いてくれる〟と感じると、次へ移っていきます。

第三段階　「感情は過去でも、私が出て、個人的意味が次第に密着してくる」とあります。感情が過去というのはなにかといえば、〝あの時は悲しかった〟という類の表現にみられるものです。自分に密着するのだから、過去に自分が体験した感情のことを話すということが分かります。いうなれば生育歴を語るということです。ここで私の話が出るという意味が分かります。

もう一つ書いてあります。「厭な感情を述べたあとは、ほっとした気持になったりする」がそれです。ここでの私の生育歴の話は、悩んでいるところ、厭なところからできているようだと思い当ります。学習心理学の記憶のところを見ますと、たやすく記憶されやすく、いつまでも忘れられないものの筆頭は、厭な感情を伴って体験された事柄で、次に好ましい感情を伴って体験された事柄とあります。カウンセリングでもまったく同じで、最初は厭な話をします。これはもっといい方へ動きたい、よくなりたい気持ちが湧いてくると、厭でも真っ先に厭なところで目につくことを現します。つまり悪いところをなんとかすると、もうすこしよくなれると思うのが人間の常なのでしょう。クライエントも、例外ではありません。否定的な話、拒否的な話が本当にたくさん、これでもかこれでもかと出てきます。これがその人の重荷なのです。その人の過去の話はその人にとって大変大きな意味があっても、きく方は心がとても重くなります。そして、話す方の辛さはより大きいでしょう。でも、語ることによってクライエントが重荷を一つ一つ下ろしていくのだと考えた時、そのたびにホッとひと息つきながらクライエントは話していきます。

第四段階　今までは自分の厭なところを話してきた人が突然、〝私には、こんないいところがあります〟とは言えません。でも、私たちに思い出せる厭なところの話にも限界があります。次第に今の気持ちが出ます。これがこの段階の特質です。「感情は自己に密着して、現在の対象として、自由に述べられる」や「感情は時には、不信や恐れを抱いたり、あるいは、意欲を突き破る形で述べられる」と書いてあります。ずーっと心のしこりになっているような大きい悩みなどは、エイッと気張らなくては話せないだろうということですから、意欲を突き破る形という表現が、よく納得できます。この表現を現在の対象という表現と組み合わせた時、今のことという形で思い切ったように話すことが分かります。ここでは、厭な話というのは語られていません。徐々に自分を肯定的にみたいという願いが混ざっています。

第五段階　「感情は心の中で起こると、すぐに述べられて、瞬間的に経験され、受け入れられる」と書いてあります。そして、面接の場面で経験されることも分かります。また、「感情が体験されると、それが直接の照合体になる」という記述もあります。面接の場面で「アッ、そうか」「なるほど」などという気持ちがながれることを示しています。自分の中に起こる感情が面接の場面で出てきて、それが納得されていくので、ここに直接的な意味が存在していることが分かります。直ちに述べられるということは、クライエントの心の中に、〝計らい〟がなくなってきていることを示します。計算したり、判断したりしなくなっていることは、何かが心に浮かぶと、スッと言葉になることで、感受性が豊かになってきていることにつながります。

第六段階　「以前に意識されなかった新しい積極的な感情が経験され、それが受け入れられる」とあります。これは、以前は否定していたり、思い出すことも禁止していた感情が、ポコッ、と、心の中に浮かんできた時に、すでにそれらは、辛くも苦しくも、厭なことでもなくなっていることを示しています。

第七段階　「新しく出てきた気持ちが瞬間的にいろいろな意味を持って体験されると、その体験している、その実態それ自体が、自分の価値判断の基準になる」と書かれてあります。こうだからこれでいいんだ。一つ一つ新しいことが体験されるたびに、それが同時に一つ一つ新しい価値判断の拠りどころとなって、自分のものの見方が一つ、また一つと深まっていくとみることができます。

感情の個人的意味をまとめながら、振り返ってみましょう。

第一段階の特色は、否定的です。これは、第四段階頃まで続きます。
第二段階の特色は、非人称的です。そのほかは、第一段階と同じです。
第三段階の特色は、個人的意味です。また、非現在的回顧的です。
第四段階の特色は、現在への動きと否定と受容の混在です。
第五段階の特色は、個人的意味の密着と即時的感情の受容、流動傾向です。
第六段階・第七段階の特色は、第五段階の特色がより豊かに広がっていることです。

「感情の個人的意味」の正念場はどこでしょう。それは、第三、四、五段階あたりです。面接記録を見て、ここらの段階の記述を基本にすると、その時のクライエントがどこら辺の気持ちを表現しているか分かります。

2　体験過程の様式（EXP）

第一段階　「自分の今ここでの瞬間の体験を述べることがない」「問題について外部から眺めた過去を語るに過ぎない」という表現があります。自分の今ここでの瞬間の感情を述べないということは、感情を体験していても、それが述べられないということですから、気がついているということではなく、気づいていないことなのです。自分に何か悩みがあったり、困っていることがあっても、「外から話すだけ」で、自分へのアプローチは、それで終わりです。

第二段階　「現在の事象は過去のものとして述べ、自分との関係には思いつかない」「問題には合理化などで自己を防衛し、直接に体験には近づこうとしない」とあります。体験過程に近づかないということは、体験過程に薄々気づいていることで、現在の事象を過去のものとして述べること、つまり、感情も体験の知覚もすべて事柄として説明的に述べることです。これのことは知識人によくみられます。自分を知的にみることはとてもうまくできるけど、体験は知的領分でありませんから、そこへ近づくことによって自分という存在が駄目になる恐れがあり、そうなったら大変だから理屈をつけて自分を守らなければならないからのようです。自分を守るために理屈が登場します。これは温かみが感じられない言葉なのですが、理屈によって真剣に自分を守り、自分の心の安らぎをそこへ求めます。

第三段階　「体験は過去の再経験として生き生きと報告的に述べる」とあります。〝いまここで〟の体験は述べられません。過去になるのは、自分が傷つきたくないからです。過去のことは、済んでしまったことという理屈がいつもあります。それがありながら生き生きと報告的に述べるというのは、自分の駄目なところを話してもいいな、少し前の自分をこの人に伝えても大丈夫だなと思うからでしょう。ただここには、知的な、「ねばならない」があって、クライエントは伸び伸びとしてはいません。

第四段階　「何か体験していることを、いろいろ漠然と不本意に恐る恐る認める」とあるのは勇気がいることを示しています。今のことが語られます。これは、自分に自分が向き合わないとできません。知的に知的にと育ってきた人はこれが下手です。だから、「内部照合枠は不明瞭で混乱する」とあるのは、その状況を示しているのです。彼らは、〝もう厭になっちゃった。こんな話しばかりしていて、何を話しているんだ。まとまりのないこんな話しばっかりして〟などと言います。ここでは、価値観が混乱して、崩れかかっているのが示されます。理路整然と話ができないのですが、それは、価値観が変化しはじめていることを示すもので、言い換えればものの見方の基準が変化してきたことを示しています。「経験は過去に縛られることが少なく、遅延無しに起こる」と、すぐに〝あっ、今こんなことを思った〟などと言えるようになります。否定的な過去、現在も出てきますけれど、それらは、肯定的な過去、現在へ変わっていく傾向を持っています。しかもその傾向は直線的ではなく、行ったり来たりだったり、ゆらゆら揺れたりしながらの変化です。泣いたり、笑ったり、叫んだり、怒ったり、しょげたりといういろいろな表現によって示されます。そして、四段階の過程を通じて、彼らは、自分自身と真剣に取り組んでいます。ここはクライエントにとって、天王山です。カウンセラーにとっても同じです。この段階が一番長くかかります。

第五段階　「感情が瞬間的に経験されると、体験過程は進行し、意識され概念化される。体験過程の照合体、意味あるいは基準が今だにはっきりしないけれども、そこで言葉が出てくるので、時には恐れが残っていたりする」という意味のことが述べられています。これは、「感情が瞬時に経験されると、体験過程が前に進む」と述べてあることと同じです。自分の気持ちが何か経験されると、気持ちが一つ前に進んでいくのです。私たちの心が軽くなっていけば、心が落ち着きましょう。ただ、この段階のクライエントは混乱から立ち直ったばかりだともいえますので、心がとても柔らかいです。傷つきやすいし、落ち着かなく不安です。そして徐々に体験過程が進行して、これらの不安感情が少なくなっていきます。

第六段階　「これまで否定されていた感情が、そのまま経験され、自分のものとして受け入れられ、認められる。照合体が今の自分になっていく。体験が劇的かつ鮮明で、生理的解放がみられる」とあります。悩みが深く、深刻になればなるほど、ここまできたという感激が強く、涙が出てきたり、笑っているつもりなのに泣けてきたり〝よかったなあ〟と嘆息したりなどの体の動きがそのままパッと言葉や動作に出てきます。今まで自分が否定や拒否を続けてきたものが、そのまま経験され〝これも私のひとつの面なんだな、それは当り前のものなんだ〟と、それをありのまま認めるのですし、これで何かつきものが落ちたような気持ちになれます。その人たちは、もう過去が問題なのではなく、今までの悩みも悩みではなくなっています。今後自分の能力をどのように活かして生きていくかが問題になっているのですし、そのために、今というのを大事にするようになってます。それが「照合体は現在の自己にある」です。彼らの価値判断の基準はとても積極的です。今から自分がもっと素晴らしくなるために、もっと豊かにほかの人のためにも尽くせるようになるために、今の自分はどう生きていたらいいのかというように、クライエントの気持ちは変わります。

第七段階　「変化する体験の流れを信頼し、その中で快く生きる」。これは、今の自分が信じられることです。変化をするという時、時間の要素が入ります。前の段階では、まだ、時間の流れを充分に意識してはいません。ここでは、将来を現在とのつながりの中にみています。今のつながりが未来だということです。だから、「現在の体験過程に即して、経験の意味を信じ、これを最高の指標としようとする」になるのです。

体験過程の様式をまとめながら振り返ってみましょう。

第一段階の特徴は、固定的で過去拘束的である。
第二段階の特徴は、防衛的である。
第三段階の特徴は、過去の再体験である。
第四段階の特徴は、不本意の漠然の体験、照合体の混乱である。
第五段階の特徴は、即時的受容と生理的解放体験である。
第六段階の特徴は、解放的体験と体験的照合並びに生理的解放である。
第七段階の特徴は、体験に生き、それを最高の指標とする、日々豊かな前進である。
体験過程の様式の正念場は、第三、四、五段階です。

感情の個人的意味と体験過程の様式とが示しているものは、クライエント自身のものの見方というよりは、自身の経験とか体験というものです。これから取り上げる不一致の度合はどうなっているでしょう。

3　不一致の度合（ＩＮＣ）

第一段階　「体験と意識との間に大きな矛盾があるけれど気がつかない」とあります。この矛盾は意識の方が格段に大きいため、体験が全然問題にならないとみることができます。第三者はこの状態にあるクライエントを考え方も一方的で狭く間違っているとみて、そのように告げたりします。そうすると、ちょうど貝が殻を閉ざすように心を閉ざしてしまい、いくらこちらで頑張ってもその心は開きません。心をほんの少し開いた時、別に危険がなさそうと感じるような雰囲気があると、次の段階へ動いていきます。

第二段階　「客体としての自己についての発言に矛盾があっても、まったく意識しない」とあります。これは、客体としての自己を語るということと、その語った中に矛盾があっても、それを意識しないということの二つに分けられます。

前段の「客体としての自己」というのは、「物」として知覚された、それとしての自己です。たとえば〝私は辛いんだ〟という代わりに、〝私の中に辛さがある〟というようなものです。これは、自分を表現しているかいないかということに帰結されます。自分を出そうとしない場合は、この表現になります。

後段の「その中に矛盾があっても意識しない」というのは、自分を出していないから、その時の発言の仕方とか感じ方とかに前後矛盾することがあっても、ちっともそれは気にならないし、意識して直すなどということも感じないということなのです。意識の世界は、元来知的に構成されていますから、話を続けていくと、必ず矛盾撞着する傾向をもちます。ですから、私たちは知的な話をする時に意識して起承転結を大切にします。話に矛盾がないように予め考えて話すのです。この段階は話が矛盾していてもちっとも関係ないというあたりです。

第三段階　ここで矛盾に気づきます。「体験の中の矛盾に気づくが、経験と自己との不一致がまだ充分に反省されていない」とあります。これは、「体験の中の矛盾に気づく」のですから、自分の物の見方を基準にして体験を見ていることになります。同時に、その体験が自分の物の見方とぴたりとしていないことに気づくというのです。〝これはおかしい〟と気づくことですが、「経験と自己との不一致が充分に反省されていない」というのは、〝これはおかしい〟と感じても、反省することはないし、自分の物の見方は間違っていないと思っていることを指します。たとえば、〝この学生は、教えたとおりに答案を書いていない。きっとこの学生は頭が悪いのだ〟、〝この頃は馬鹿ばっかり増えた〟、〝うちの子は本当にこの頃言いつけをきかなくなって、どうしようもない。産んで損した〟などの表現もここら辺に関係がありそうです。

第四段階　「体験上の矛盾が明白に実感され、それに関心を持つ。現在の自己と以前の自己の分裂が意識される。経験の分化にともない、象徴化の正確さを求める」と述べられています。例示によって説明してみましょう。初めの文章については〝なぜこの子は私の言うように動いてくれないんだろう〟というものからにします。子どもにこちら側で考えている答えを押し付けるよりも、その前にこちら側に出てくるのは、〝この子が気になる〟でしょう。〝子どもが私の言うように動いてくれない〟という現象を経験し、明らかなこととして実感し、気にし、気に病むからです。

中ほどの文章の例示は、〝前には、私はこんな人間ではなかった。この頃はどうしてこんなにくよくよとすぐ涙が出るように変わっちゃったんだろう〟という表現で表せます。以前の自己と、はっきり違った自己がいまあることは、分かっているのです。

終わりの文章は、〝この悩みについて、私はあれこれといろんな感じが湧くんです。でもまだ、自分の気持ちがすっきりとはしていないんですよ。そのどれかがあっているのかもしれないんですけどね〟という例で示されます。何か気持ちを落ち着けようとして、その経験や心のしこりを、ああでもない、こうでもないと接している姿です。これが悩んでいる姿なのです。

第五段階　この段階に到達しますと、落ち着きが出てきます。一つ乗り越えたということもあるのでしょうけれど、過程尺度には「矛盾は人格の異なった側面や水準による態度として認識され、生き生きしている。古い客体的自己と新しい体験する自己の対比が生き生きと経験される」とあります。

前段の文章の示すところは〝私だってお腹が空いたらそう言いかねない〟などと友だちに話している言葉と、〝はい、私もそう思います〟などと目上の人に向かって話す言葉とは、違う気持ちから出てくるのだから、違うのが当り前だと分かることです。しかも、言葉が違うことは、自分がその人々に接する、接し方の違いも示しています。当然立居振舞いや、その場面での態度も違ってきましょう。この異なった側面は今まで気が付かなかった側面ですから、今まで自分が思っていたり考えていた範囲内での経験や思索の中だけで処理できないものを含んでいることになります。ですから、〝なるほど〟というふうに、自分が新しい自分をみつけるチャンスです。

この「生き生きしている」というのは、自分をみつけるきっかけになっている言葉なので、そういう自分がいたから、あの行動が起きたのだとつなげられることを示しています。〝昔はこうだった、うん、今はこんなになれてるぞ〟と実感が湧いたりもします。たとえば〝昔は、うちの子がむずかっていると、むずかっている子は目障りだから、向こうへ行ってなさい、って怒鳴っていたけれど、今は、そんなになってきた時に、お腹が空いたり、遊び疲れたりしてむずかってるというのが分かるから、よしよしって背中を軽く叩いてやるとなおっちゃうんですよ〟というように、日常生活の中で、この例は無数にあります。

対象が同じでも、自分に接しかたが変わったということを過去の自分と今の自分ということで対比させて語れるのがこの段階です。

第六段階　「体験過程に充分に生きる瞬間に自己一致の中に自己不一致が消えていくのがわかる」という文があります。「一致の中に不一致が消えていく」とはとても分かりにくい言い方です。説明しますと、今まで自分の中の嫌なもの、自分の中の認めたくない否定的なものなどが、なんとなくぽかっと、〝ああこんなものもあったなあ〟と出てくることを示しています。そうすると気にならなくなってしまうものです。〝昔はこうだった。私は昔、頑固でこんなだった〟と口にのせてしまうと、それを話すことで気持ちもさらりと流れてしまい、気にならないようになります。それは、話すことで否定的拒否的な気持ちが一つまた一つとまとまって、治まっていくのを指しています。それをここで「一致」といえば、「不一致」というのは昔のことになります。いままで否定されていた感情はそのまま経験されて、〝それも自分なのだ〟という形で受け入れられていきますし、そんなふうに生きている時に、いままで自分の中では、不甲斐なかったいろいろなものが気にならなくなっていきます。だから裏を返すと、自分に自信がついてくることになります。

この体験は「感情の象徴化の不正確さに気付くと一致をもたらす」という表現になっていますが、〝あっ、昔はこんなふうな言い回しだった。今はこうなんだ。こんな気持ちですよ〟というふうに自分の心に浮かんだ気持ちが、そのままぴたりと言葉になっていき、そのことによって納得し、気持ちが治まっていくことを示しています。

第七段階　「体験過程を受容し、その中に生きるにつれて、体験の象徴化・概念化が正確となり、不一致は最小限に、また一時的になる」という表現は、「前の段階で生じたものを受け入れて、その中で生きていこうと思うにつれて、不一致が最小限度になって、しかも一時的になる」と言い換えることができます。これは、その時に思い出せるものというように範囲を決めておくと、理解が容易になります。つまり、その時に思い出せる不一致がどんどん気にならなくなったら、全然気にならなくなってしまうのではないけれども、何回も何回も気になったものが登場してそのたびに少しずつ気にならなくなっていき、物見遊山にあちこち行って、〝やあ、また会いましたね〟という感じで、徐々に一致が達成されていくともいえましょう。

さて、不一致の度合を振り返って、各段階ごとの特徴をまとめてみましょう。

第一段階：不一致や矛盾はまったく意識されない。

第二段階：概念と体験との間の交通はまったくおこなわれていない。

第三段階：矛盾が認められるが内的交通はまだない。

第四段階：矛盾が実感される。言葉にするという問題が自己の内部の照合枠を気づかせ、それにしたがって象徴化がおこなわれて、新しいものの見方が出来るきっかけが生まれる。

第五段階：今まで自分と矛盾していたために認められずにいたものが、体の中で居場所を与えられる。居場所ができると矛盾は矛盾でなくなり、象徴化を正確にしたいと思うようになってくる。ここで初めて、内的交通が改善される。

第六段階：有機的流れが一つの大きなうねりになっていって、矛盾は、以前から内部にあったものと一つになり、新しいものになっていく。内的交通はどんどん自由になり、象徴化されたものがおのずと調和するようになり、矛盾が最小限になっていく。

第七段階：前の段階がより進んでいく。内的交通には、はっきりした方向が認められる。

この段階で特に気をつけてみていく必要があるのは三段階から四段階への変化です。矛盾が実感され、自己の内部に判断の基準があることに気づくところです。その次が五段階です。矛盾していたものが自分の中で認められ、居場所を獲得すると、それが自分の数ある面の一つになっていくということです。

4　自己の伝達（ＳＥＬ）

第一段階　「自己を伝達したがらないし、話は不慣れだなどと述べたりする」「問題に無関係な世間話をする」とあるのは、問題を悩みと置き換えた時、〝自分の悩みには触れたくない〟〝心に懸かることと関係のない話を少しして、早くおしまいにしたい〟できるならさっさと逃げていきたいし、こんな関係は早く打ち切ってしまいたいので、自己を伝えようとしてくれません。

第二段階　「問題には触れないで、非自己的話題について話す」「自己は、家庭、学校、遺伝などの結果と考えている」「自己の外部からの評価を気にする」とあります。まず、「非自己的話題」について考えましょう。これは、世間話というようなものです。ここには自分は登場しません。そしてその底には一つのものの考え方があります。これは、次の項目の中にも含まれるのですが、「私は家庭や学校での育て方が作ったものだ」「生まれつきの能力は、顔、容姿のようにすでに決まっていて変えることはできない」というように考える傾向です。ですから、話題もそのように展開していきます。ここで出てくるのが、白か黒かというように考える傾向です。つまり、結果がすでに分かっているということです。結果がすでに分かっているのなら、そこに安定していればいいのに、それができないのです。もう少し良くなりたいかです。でもこの良くなりたいというのは、自分の頭で考え出していることなので、そのように考えている自分が他人にどのように映るかが気になるのです。体験過程の様式の「防衛して直接体験へ近づかず、自分を守っている」のと、この気にしているのとは、ちょうど裏表の関係になります。

第三段階　「他人の中に反映された自己の過去を、客観的に述べたり、自己および自己に関した活動や役割を、客体的に、より自由に表現したりする」というのは、〝誰それが私のことでこういってた。私が小さい頃に、母がこれこれこうだといつも話していた。〟などというような語り口が当てはまります。つまり、誰かの話の中に自分が登場するということです。あるいは、自らが自己の過去のことを話したりします。そしてその中に、自分や自分が関係した活動や役割を客観的に、より自由に表現したりするのです。ここでは、客観的という表現が曲者です。それはつまり、自分の心に浮かぶままにではなく、対象として語るということだからです。もう自分というものができ上がっているという前提があっての話です。語られる自分はあたかも物であるかのようになっていますね。

第四段階　「自分に関係した現在の種々の感情を述べる」、「過去を述べても現在の処理に取り組む」、「体験過程に、より、直接的、より集中的となり、自己の発見につとめる」とあります。ここではまず、〝自分に関係した、現在の色々の感情〟を述べるので、〝気分の〟ではありません。〝関係した〟というのが肝心なところです。ご承知のように、感情の住み家は現在ですから、次の、〝過去を述べても〟という表現はこの感情の基本と矛盾します。

二番目の表現は過去に生じた感情、すでに過ぎ去っていった事実として存在しているのですけれど、その事実が現在との関係で生じてきます。この段階では時間の概念がより大切な要素として登場してきます。「より現在の処理に取り組む」という表現がそれです。四段階の中身が「体験過程に、より積極的、より集中的となり、自己発見に努める」です。体験過程は感情の一つの流れです。過去にはありませんから、〃体験過程に直接的、集中的になる〃というのは自己発見につながっていくことを示しています。

この段階では、クライエントは、自分をすでにでき上がっているものとしてではなく、今感じられたり、心に浮かんだりという、そういう自分を語ろうとしています。〃クライエントの関心の方向が変わった〃と分かります。前の段階までは、関心は外を向いていたのですから、関心が中を向き、今この瞬間に起こった感じを伝えようと努めているのとは、とても違います。それは、客体的自己（ＭＥ）が減っていき、真の自己になりたい欲求が増えることも現していますし、主体的自己（Ｉ）の成長への動きにともなって、自分の体験過程に気づく状況と言い替えることができます。

この段階では沈黙が大きな意味をもって登場してきます。それ以前にも沈黙は起こりますけれど、沈黙の質的転換が生じています。

第五段階　「自己の現在の感情を自由に表明し、受容し、感情そのもの、すなわち真の自己になりたいと願う」、「自己が現在の感情を表明すると、客体的自己の知覚が少なくなる」とあります。まず「感情そのもの、すなわち真の自己」という表現に着目しましょう。これは、自分の居場所が知的なところから、一つ深い段階へと動きはじめることから、スタートします。

われわれの心を構造化してみると、普通、理性、知性が最上部構造です。その下に感情という心理的な部分があり、そのまた下に感覚という生理的な世界があります。ここでは、理性や知性のレベルから、一つ下へ、居場所を変えはじめたとお考え下さい。その部分は説明のできない世界で、そこにある体験過程へアプローチをはじめたのです。「自己が現在の感情を表明すると、客体的自己の知覚が少なくなる」というのがその表現で、客体的自己表現とは間接的自己表現にほかなりませんから、ここでは、より直接的に自己を表現するようになっていくと考えましょう。

第六段階　「自己は感情、あるいは有機体経験としての体験過程そのものである」、「自己意識は反射的で、対象として強く意識しない」などの表現が見えます。〃自分は体験過程そのもの〃なのです。自分はいつも今にいるのだな、というのがこの状況の表現です。後半の表現では、自分という人間の意識は、反射的だと書いています。これは、自分という人間の意識が、頭の中で考えられてでてくるのではなくて、体験過程で感じられたものがすぐポンと出てくることを示します。対象として自分が意識されないというのは、自分はいつも意識する方にあり、される方、つまり受身の方にはいないことを示しているからです。客体的自己を知覚する必要がなくなっていっていることだとお考え下さい。たとえば、〃私はああだったんだなあ〃、〃私はあんなだったんだなあ〃という、過去のことを話しているように見える表現があります。それはいつも、今のところにいて、過去をちょっと振り返ってみての私なのです。この話のあとには、必ず〃でも今はそうじゃない〃という展開が入っています。この流れ、客体的自己から主体的自己への動きですし、その結果、いつも今の自分を伝えるようになっていきます。人間関係もまとまってきて、その人が、まとまっているように見えます。

第七段階　「自己は知覚の対象よりも、確信を持って感じられるもので、豊かに変化する体験の反射意識である」とあります。自分というものは感じられる存在であるということです。自己は主体的存在ですから、何かが起きた時に、パッとそれが意識化できる方向に向いて動いていきます。

さて、自己の伝達を振り返って、各段階ごとの特徴を見ましょう。

第一段階：自己を伝達しようなどとは露ほども感じない。

第二段階：自己が登場しない話をしながら、自己の評価がどのようになされているかを気にする。自己はこの段階でこの上なく弱く出てくる。

第三段階：客体的対象としての自己を表現する。

第四段階：現在の自己を伝達しようとして、関心の方向が外から中に変わる。

第五段階：現在の自己をより的確に表現しようと努める。自己の居場所に変化が起きる。

第六段階：自己は体験過程そのもの、感性そのもので、主体的自己が出てくるし、力強い表現が多くなる。

第七段階：主体的自己は確信を持って感じられ、表現される。

SELでもっとも特色あることは、第三、四段階です。自己に気づく過程がそれですから、充分に面接の時に気を配りましょう。

5　自己構成概念（PC）

この項目は、俗に自己概念と呼ばれるものです。つまり、自分という存在をどのようにみているかが語られるところです。この項目は、「感情の個人的意味」や「体験過程の様式」とは、その立脚点を異にし、出生から現在までの間の、日常生活経験が培ってきた自分をとらえるやり方、その価値観の表現などが語られるところです。カウンセリングにおいて、もっとも大切な要素を含んでいるものです。この変化を述べてまいりましょう。

第一段階　ここでは「自己を頑固に信じ、その意味付けは自己の外部にあると考えている」、「価値判断は白か黒かなど絶対的で、未分化で大まかである」とあるように、〝だってなになにだから〟などという言葉がその状態を示します。自己概念は元々自分の中にあるものですし、自らの経験によってでき上がったものなのですけれど、その経験をそのまま判断せずにすでに自分より優れていると自分が考えている人の言葉によって解釈し、それを信じ込んでしまった姿です。これらの言葉は、もともと自分の外側にあるものです。ですから、自分の信じている根本は自分の中にあるのではなくて、もともと外部にあるものなのです。自分に取り込まれて、あたかももともと自分の中にあるものと思い違えているのです。自分にとってはとても権威のあるものだから、その判断のとおりに動いていればいいわけで、判断もその基準に従って、二者択一的、つまり白か黒かで、絶対的、けっして例外を認めないということになります。結果がはっきりしていて、世間的に納得できるものであればいいのですから、白と黒の間になん百という状況があって、答えも様々だということなどは考えるに値しません。ですから「考えは未分化で大まか」になってしまいます。

第二段階　「自己の考え方を変えようとしない」、「自己及び生活は外的条件により規定され、関与できない」となっています。自己の考えを固守するということは守りの姿勢を意味します。ですから、自己がもっている観念とは異質のものが伝わってきて、自己の概念の変更が余儀なくされるような状況をなんとなく感知すると、たいていの人は自分の考えを固守する態度をとるようです。固守していても、その心のどこかに〝私の考えを変えなくてはいけないのではなかろうか〟と恐れとともに感じてしまいます。でも頑固に頑張ってしまうのです。なぜなのでしょう。〝変えなくてはいけないのかな〟と思ったとしても、「自分の性格や生活は外的条件で規定されている」と思っているのですから、私の力ではどうにもならないし、変えられるわけはないためです。しかも、その理由が述べられます。〝学生だから〟、〝長女だから〟、〝跡取り息子だから〟、などという、〝だってなになにだから〟という形で示されるのです。まったくクライエントの外側にある〝いわゆる尺度〟と私が呼んでいるものが、クライエントの中に存在している印です。そしてそれらの尺度はすべて正しいと信じきっているのです。つまり、自分が外部規制によってでき上がり、それで動いているともいえます。

第三段階　「自己はまだ堅いが、時に構成に気づく」、「時に過去の自己の構成の妥当性に疑問を抱いたりする」とあります。「構成に気づく」というのは、〝自分という人間の考え方は生まれて生活している間に作られてきたらしいな〟ということに、うっすらと気づくことを指します。ですから、〝別なように育ったら、別な考え方がある〟ということに薄々気づくというふうに考えることもできます。しかし、その考え方はいつもオールマイティで正しいものではなかろうともなります。それが「過去の自己の構成の妥当性に疑問を抱く」という表現で表されています。〝関与できないはずの自分の考え方が、正しくないかもしれない。生まれてこのかた考えてきたこの考え方も、生後に作られたものかもしれない〟とうっすら気づくのです。これは不安です。なぜなら、自分という人間が唯一のよりどころにしていた自分の考え方が、間違っているのかもしれないのですから。これは一大事です。この三段階はクライエントにとっては大切な段階です。

第四段階　「自己は相対的・融和性と持ちはじめ、体験は常には妥当しないことに気付き、疑ったり、時には、過去を問題にしたりする」とあります。前の段階とはとても変わっています。自己発見があったことが分かります。そして、発見した自己をも含めて自分に疑問を抱くのです。「体験は常には妥当しないことに気付き、疑ったり、時には、過去を問題にしたりする」のは、いままで自分が頼りにしてきた生育史が作り上げてくれた自分の考えというものが、どうも現在の時点では駄目らしいからなのです。最近起こったバルト三国独立問題、ペルーのフジモリ大統領の誕生、ロシア共和国の独立宣言よりも自分にとっては大事件なのです。だって、今の今まで信じきっていた自分の考えが、足元からガラガラと崩れてしまうのですから。ここから、〝自分の考えは絶対的でなく、相対的なものだ、別の考え方もあるなあ、それも良いなあ〟に気づくのです。これが「相対性、融通性を持ちはじめる」ということです。今まで、オールマイティだと信じきっていた自分の考えを、このように変えるのは、実に大変なことです。でも、これは乗り越えられて次へ進みます。

第五段階　「自己は柔軟性を増し、自己について新しい発見や疑問を持ったりする」「自分の中で自由な対話が起こり、内的交通が改善される」というのがそれです。自分というものが右か左かではなく、判断できなかったり、時には立ち止まったり悩んだりすることがあることに気づきます。物事はパッと分かることのできるものばかりではない、ということに気づくと言い換えることもできます。これはクライエントにとって発見です。この時に自問自答が起こります。知らず知らずのうちに、自分を信用しようという動きの端緒です。この段階は、ただ自分に反対の考えや言動を許せなくて、排除しようとしていた段階に比べると、排除しきれなくなったことを認めて、そこからよりよい答えを生み出そうとする自問自答を始めるとされています。「自由な対話が起こる」というのです。自分で思ったら、フッと自分に語りかけ、漏らし、喋って、それをもとにして他人にポンッと出てきた言葉こそ、その人の体験過程から出てきた言葉です。

第六段階　「不一致の解消で、自己の変容することを生き生きと体験する」「安定していた照合枠が解放された時は、不安を感ずる」のは、自分の考えとは違う考えがあるというようなところにポッと自分が行き着いた時に、その考え方を大事にして入れ、一つ一つ乗り越えていくといえるようです。とこの「照合枠」というのは自分の体験過程なのですから、体験過程の気づかれ方がいつも安定したものになっていて、しかも自己概念のところでは、この成行きに完全に添ってしまったわけではなく、時々〝でも〟とか、〝だけど〟という感じが起こってくるので、「しばしば不安を感じる」とあることが大切になります。おそらく、自分の考えと自分の感じが調和する時に、デジタル方式で何キロ、何グラムと、パチッと結果が示されるのではなくて、ブランコかシーソーのように揺れが伴っているからです。片方に概念が、もう片方に経験が乗ってゆらゆら揺れながら釣り合っているのがこれです。だから、この段階になっても、常に不安から解放されているわけではありません。

第七段階　「自己すなわち体験の構成は、常に融通的・試験的におこなわれ、より深い体験に照合して、再検討・再構成される」がこの段階の姿です。シーソーかブランコになっている自己の発展・発達は、いつもゆとりと幅があり、今はこうだけれどももう少しいったら、もう少し良くなる。今はこうだ。そして、過去になったものはとても頼りになるけれど、一番大事なのは今で、その今を一つ一つ問いかけながら、シーソーの両側に自分をおいて、両方に自分が納得しながら進んでいきます。「より深い体験に照合し、再検討・再構成される」ということなのです。

自己構成概念を各段階ごとにまとめてみましょう。

第一段階：固着で頑固です。
第二段階：少し不安が生じますが、自己は外的規制によるもので不安であると思っています。
第三段階：自己は構成されたものであり、作られたものであることに気づきます。
第四段階：自己は融通性を持ちはじめ、自己発見や自己疑問が出ます。
第五段階：自己は柔軟性を持ちはじめ、内面への対話が促進されます。
第六段階：自己が再構成され、自己が体験過程そのものであることを実感します。
第七段階：自己が絶え間なく再検討され、再構成されながら、発展へ向かって前進します。

自己概念の部分で気をつけなければいけないのは、第三、四、五段階の特質です。自己概念の見方が変化していくところです。ここを押さえていけば面接も楽になりましょう。

6　問題との関係（ＰＢＲ）

問題とは、自分が感じたり考えたり思ったりしている悩みと自分がどのように関係しているのか、あるいは自分が自分の悩みをどのように感じたり考えたり、生きていっているのかということを現しています。

第一段階　「問題意識や治療の自覚がない」、「困った問題はないし、大丈夫で、健康で、変容の必要がない」というのがこの段階です。ここでは自分が変わる必要はないと思っていますし、相談することなどないと思っている状況があります。こういう時には、ニコニコ笑って話をするかもしれません。ごく普通の人という印象を受けましょう。

第二段階　「問題は訴えるが、それは外部に起こり、感情的に意識したり、責任を感じていない」とあります。つまり、自分の中にうっすらだけれど問題があると分かってくるのです。でも、それは外部の基準や条件を自分に当てはめてみて分かるので、〟もともと私の中にあるものではありませんよ。それは、外が原因なんです。外のことなんです〟と考え、その問題に責任を感じたり、感情的に意識したりしません。たとえば、〝あぁ、あいつが死んだんだって、ふーん、口減らしになったな〟なんて考え方がそれです。大事な命が一つ地球から消えていったのも、口減らし的に受け取るのです。小説に現れたキャラクターとしては、チャールス・ディケンズのクリスマス・キャロルの主人公、スクルジーの最初の当りにこれがあります。問題があっても〝自分〟とは無関係なのです。

第三段階　「問題は外部より自己の内部にありと気づくが、感情的に十分意識していない」というところが登場してきます。今まで外にあるとばかり思っていた問題が、実はむしろ根っこは自己の中にあると気づきはじめるのです。でも、そのことを素直に言えないのです。ですから、知的に説明したり表現したりします。〝あぁ、問題というものが私の中にもあるようですよ〟という感じで話し、その問題はまだ十分に自分と関係をもっているわけではないととらえがちです。

第四段階　「問題に対する自己の責任を認めたり、自己が問題の原因であると感ずるが、まだ、動揺する」が現れます。問題に対し、〝あぁ、俺が悪かったから、あいつがこうなったんだな〟、

〝子どもがうまく育たないのは、私の育て方なんだ〟、〝娘が私に似て、本当に駄目な子どもになったのは、私が至らなかったからなのです〟というのはこの段階に入る表現です。実感するけれども、どうしていいのかは分からない、自分が問題の原因を作っている、自分の中に本当の原因があるのだと分かっても、ただオロオロしてどうしていいか分からないという段階がここです。

第五段階　「問題に対する自己の原因を気にし、明確に責任があると感ずる」というところがここです。動揺はありません。自分に責任があるとはっきり感じ取れるのです。ここから、問題解決へ向かって前向きに取り組む姿勢、雰囲気が感じ取れます。もう、嘆いてばかりいません。積極的肯定的な姿があります。

第六段階　「問題のある面を生き生き経験すると、問題への生き方が関心となる」「問題の話が少なくなり、自己のあり方、生き方が焦点となる」に動いていきます。問題のある面というのは、問題が存在している面という意味で、問題のどこだか分からないけれど、ある面ということではありません。問題が存在しているある面が生き生きと経験されるということです。元来、私たちにはいろいろな面があります。その面のうちの一つが問題になっているのです。人格をミラーボールのように考えるとすぐ分かりましょう。そう気づくと、その問題を自分がどのように認め受け入れるかが大事なことになってきて、その問題があるから、自分はすべて駄目なのだと考えなくなります。そうなりますと、問題の話は自分にとって大きな意味をもたなくなりますから、別のもっと大きなもの、すなわち、自分のあり方、生き方が焦点になってきます。それは〝その問題があったから私はこうやって生きている〃という表現を生み出したりします。〃私がこんな育ち方をしたから、いろんな人に巡り会って、いろんな辛い経験があって、そしてその経験があったから、今ここにこうやって座っていて、とてもいい気持ちになれたのです〃という、クライエントＩさんの言葉は、正にこの状況を示しています。もはや問題はその人の問題ではなくなっています。〃それを背負って、今から、自分がどう生きていくか〃ということが大事になってくるので、もう問題は存在理由がなくなり、その意味で消滅します。問題をもって自己が生きていくのです。もう辛さは実感としても感じられなくなっています。

第七段階　「自己の新しい生き方が、すなわち体験が深まるにつれて、計画や行動の新しいあり方が効果的になる」というところがここです。ここでは、問題の話は特別の意味をもたないのですが、自分が今というところで生きていくと、自分の生き方というのが、他人にも笑顔をもたらしたり、幸せにもするような効果を生むようだと分かってくることにつながっていきます。そのことが分かってくるにつれて、今度は自分の生き方も素晴らしいなという実感に包まれてきます。問題は、客観的には変わっていなくても、問題を語ることはすでに無意味になってしまうのです。それよりも、問題というのがその人によっては、自分らしさを充実させ、新しく作り出していくことに、大層大切なものだという実感を得ます。

ＰＢＲの特徴を整理してみましょう。

第一段階：問題なぞなく、気にかかることはない。健康だと思っている。

第二段階：なんとなく問題があるようだけれど、それは自分の外にあり、自分は直接関与できないものだ。

第三段階：問題はあるし、自分の内面にも原因があるようだけれども、スッキリはしない。

第四段階：問題の責任は、はっきり自分の中にあると気づき、心を痛める。

第五段階：自分の責任を明確に実感し、前向きに動き出す。

第六段階：問題が肯定できるとともに、もうそれに左右されず、問題を生きていく。

第七段階：自己は問題を生きることによって一層豊かになっていく。

PBRを見る時に注意すべき段階は、第二、三、四段階です。問題への関わり方が変化していくことは、問題について考えていた自己が問題を直接にみて、それを乗り越えていこうと動きはじめるからと考えられます。

7　対人関係（REL）

ほかの人と接することによって人格の成長が表現されていく時、どの部分がもっとも大切であり、頼ろうとしているかがはっきり示されるのがこの部分だと思われます。ロジャーズが、これを過程尺度の最後のストランズ（Strands）にもってきたのは、とても重要な意味があるようです。

第一段階　「カウンセラーとの接近を避けたがる」、「カウンセラーは治療者、解釈者と思っている」という段階からはじまります。これは、人間関係を結ぶことの忌避です。つまり、自分という人間、自分の心に外部から手を加えて自分を変えようなんておこがましいという状況です。あるところに、高等学校の先生がいました。このGさんは、鬱病にかかりはじめていらした時に、奥様が心配されて、〃カウンセリングを受けてご覧になったら〃と勧めました。Gさんは〃病院の先生が薬で治るといったから、私にはカウンセリングなぞ要らない。私には、どうしてこうなったか、原因がはっきり掴めているのだから、そんなのに接触したって仕方がないさ。分かっているんだから〃といったのです。それでは、奥さんと親しく話をするかというと、Gさんは学校から帰ってくると、自分の部屋に入ってゴロンと寝るのです。食事になると部屋から出てきて食事をして、テレビの欄を見て、面白いのがなければまたゴロンと寝るという生活なのです。奥さんとも、子どもさんとも話をしません。Gさんは光を浴びて大学を卒業した人なのですけれど、学校へいくと周りの人が皆秀才に見えて、自分は駄目な人間だと思ってしまい、この調子でずーっと生活してきたのでした。このように外の人には接したがらない、自分の考えができ上がっていてそれで十分だから外の人と接触したところで何の価値もないと思っている時が、この段階です。

第二段階　このような人が「何か話さなければならぬと思うが、自ら質問することを恐れている」、「相談室を自由の場と考えない」と示されているように、何を話したらいいか分からない状態に陥るのがここです。何かを話して早く帰りたいのだけれど、自分の方から質問はできないし、話合いは必要なのだろうけれどここではできないしと、ジレンマに陥る段階です。でもここで面白いことがおきます。それは、目の前にいる人が普通の人と違うなという感じを、クライエントが受けとることです。「普通なら、ここで解釈がひとつ入ったり、忠告や説教がくるはずなのに、この人はなにも言わないで、そうかそうかと熱心に聞いてくれる。そうすると、これはひょっとするといろんなことがこの人に話せるかもしれない」と思いはじめます。

第三段階　「カウンセラーへの信頼や受容が高まり、発言が多くなる」という言葉が示すように、〝この人にはあれこれ話せるかもしれない〟と思いはじめると、色々と自分のことを話しはじめます。自分のことを話すというのは、〝自分を分かって欲しい気持ちの現れ〟なのですけれど本人には気づかれません。ただ、何でも話せるという気持ちが支配的です。これは、クライエントの心が流れはじめ、かなりスムーズになりかかっていることを示しています。この段階では、カウンセラーを普通の人とは少し違う人、何でも話せる人というように認知しています。前の段階から、引き続いて受容がおこなわれているためと考えられます。

第四段階　「両者の親密さを心配しながらも、感情的水準の相互関係を保つように試みる」という段階へ到着します。クライエントには〝こんなことを話したら、目の前の人に嫌われやしないか、こんなことを話したら下品な奴、駄目な人間と思われるんじゃないか〟という気持ちを持ちながらも、それでも〝この人との話合いを続けたい、この人に私の気持ちを聞いてもらいたい〟と思い続けます。非常に不安定な状況に陥っていることには気づかなくても、関係を継続したいと念じています。このレベルのことを感情的水準といいます。そして、この人はほかの人とは別だ、という実感をますます強くもつようになります。つまり、ほかの人との関係がうまくいかなくても、この人だけは信じられるぞという気持ちが現れてきます。

第五段階　「人間関係が感情水準でおこなわれる。感情が通じあい、気持ちを同じくすることができる」段階にはいると、話の中に自己が登場して〝この人は、私のことを分かってくれる〟という実感がますます湧きます。〝この人になら、私のことをなんでもいえる〟と感じることでもあります。そうすると、もっともっと自分のことを語ろうという気持ちになりましょう。もっと分かってもらえると感じられることが繰り返されて、人間関係が進みます。これをお互いに感情が通じ合い、気持ちが同じになるといいます。

第六段階　「カウンセラーが自己を受容することを信じ、カウンセラーとの関係で、真の自己となることに努める」というところにくると、この人になら自分のすべてを話せるし、分かってもらえる。この人の前でなら何でも言え、どうにでも振舞える。この人がいれば私はよくなれると実感する段階です。この人が見守ってくれれば、私はもっと素晴らしくなれるし、自分を新しく磨くことができる。この人のお陰だと実感するのも、まったく同じ理由からです。

第七段階　「自己の直接的なありのままの体験に基づいて、誰とでも自由な関係を保とうとする」段階では、前の段階で感じていたものが歩を進めて、もう基本的にカウンセラーの用はなくなります。頼れるのは自分で、その直接的な体験に基づいて人間関係を結びます。自由で率直な人間関係が展開し、カウンセリングの必要もありません。

各段階の特色を出しながら、整理してみますと、次のようになります。

第一段階：人との接触、接近を避けている。カウンセラーも例外ではない。過去の心理的、そのほかの外傷によって、カウンセラーも信用される部類に入っていない。

第二段階：カウンセラーは並の人とは違うと思いはじめる。何かを話さなければと思うが沈黙しがちになり、話すこともぎこちない。

第三段階：カウンセラーが受け入れてくれると思いはじめ、話そうという気持ちが増す。自分を伝える。

第四段階：気持ちを分かってもらいたいと熱望する。おそるおそる自己を伝えはじめる。

第五段階：気持ちを分かってもらえていることを実感し、この人に語ることでよくなりたいと願い、この関係を続けていきたいと願う。

第六段階：カウンセラーが自分を信じていてくれる。この人のお陰で自分がよりよくなったと信じている。

第七段階：カウンセラーのみでなく、多くの人と自由で率直な人間関係を保てるようになる。

ここで気をつけておく段階も三、四、五段階です。人間関係が感情を底辺にして密接になっていくのが心からの喜びにつながることをクライエントが実感する段階だからです。

第二項　過程尺度の使用法とその留意点

一　過程尺度の使用法

今まで述べてきた各々の段階やストランズの特色を思い浮かべながら、過程尺度の一覧表を見ましょう（二四二〜二四三頁参照）。

まず、面接に逐語記録（面接テープがあるともっとよいです。文字に表せないクライエントとカウンセラーとの関係や言葉の表情が分かるからです）を丁寧にみましょう。その記録に表れているクライエントがあるストランズに当てはまっていると分かったら、そのストランズのどこに位置するのかを確かめましょう。たとえばそれが三段階だとしたら、三段階の文章にぴたりかどうかみましょう。もしぴたりだったらその面接の逐語記録のその場所は三・五という評価を得ます。もしそうでなかったら、記録とその左の二段階の言葉と四段階の言葉とを読み比べて、三段階の中で二段階の言葉の方が四段階の言葉よりも感じとして近いと思ったら、三・〇から三・四までの範囲で評価をし、もし逆に四段階の方が感じとして近かったら、三・六から三・九の間の評価が与えられます。そしてこの〇・四の範囲は、評価者の裁量に任されています。この操作をできたら七つのストランズのすべてにおこないます。しかし、短い面接の逐語記録の中にこの七つがいつもすべて表れているとは限りません。少なくとも七つのうち四つが表れていればいいと

過程尺度（1969）

段階			
4	5	6	7
○感情は自己に密着して現在の対象として自由に述べられる。 ○強い感情は時に不信や恐れを抱いたり、あるいは意欲を突き破る形で述べられる。 (22)	○感情は心中に起こるや直ちに自由に述べられ、即時的（今、ここで）に経験され受容される。 ○感情は瞬時に経験されると泡立ち滲み出る。 (29)	○以前意識されなかった新しい積極的な感情が経験され受容される。そこには否定、抵抗、恐怖がない。 (36)	○感情の流れを体験する過程の中に生き、体験は照合枠として深い意識にみちびく。 (43)
○何か体験しているいろいろのことを漠然と不本意に述べる。 ○内外照合枠（体験の意味）は、不明確で混乱し時に厄介に思われる。 ○経験は過去に縛られることが少なく遅延なしに起こる。 (23)	○感情は即時的に経験され表明され、直接的に現在へ動き出す。 ○体験の中の照合枠により生きる可能性を感ずるが明確でないから時に恐怖疑惑が起こりやすい。 (30)	○以前否定された感情は直接に経験され受容（肯定）される。 ○照合体（自分の考え方）は現在の自分になってゆく。 ○体験は鮮明かつ劇的で生理的解放がみられる。 (37)	○変化する体験の流れの中に快く生き、経験の意味（照合枠）を信じ、最高の指標としようとする。 (44)
○体験上の矛盾が明白に実感される。 ○現在の自己と以前の自己の不一致がわかる。 ○経験の分化に伴い、象徴化の正確を求める。 (24)	○矛盾は人格の異なった側面や水準による態度として認識される。 ○古い自己と新しい自己の対比が生き生きと経験される。 (31)	○自己一致の中に自己不一致が消えてゆくのが目立つ。 ○感情の象徴化の不正確さに気づくと一致をもたらす。 (38)	○体験の意味の象徴化・概念化が正確となるにつれて、不一致は最小限に、また一時的になる。 (45)
○自己に関連した現在の種々の感情を述べる。 ○過去を述べても現在の処理にとりくむ。 ○体験に、より集中的となり、自己発見につとめる。 (25)	○自己の現在の感情を自由に表明し受容し、感情そのもの即ち真の自己になりたいと願う。 ○客体的自己の知覚が少なくなる。 (32)	○自己は感情、経験の過程の中に存在し、体験過程そのものである。 ○自己意識は反射的で、対象として強く意識しない。（主体的自己） (39)	○自己は知覚の対象よりも確信をもって感じられとられるもので、豊かに変化する体験の反射意識である。（再帰的自己） (46)
○自己は融通性をもちはじめ、体験は絶対でなく、常に妥当しないことに気づき疑ったりする。 (26)	○自己は柔軟性をまし、自己について新しい発見や疑問をもったりする。 ○自分の中で自由な対話が起こり、内的交通が改善される。 (33)	○不一致の解消で自己の変容することを生き生き体験する。 ○これまで安定した照合枠が解放された時は不安を感ずる。 (40)	○自己即ち体験の構成は常に融通的試験的に行なわれ、より深い体験に照合して再検討、再構成される。 (47)
○問題に対する自己の責任を認めたり、自己が問題の原因であると感ずるが、まだ動揺する。 (27)	○問題に対する自己の原因を気にし、明確に責任があると感ずる。 (34)	○問題のある面を生き生き体験すると問題への生き方が関心となる。 ○問題の話が少なくなり、自己のあり方、生き方が焦点となる。 (41)	○自己の新しい生き方が即ち体験が深まるにつれて計画や行動の新しいあり方が効果的になる。 (48)
○両者の親密さを心配しながらも感情的水準の相互関係を保つように試みる。 (28)	○人間関係が感情水準で行なわれる。感情が通じ合い、気持ちを同じくすることができる。 (35)	○カウンセラーが自己を受容することを信じ、カウンセラーとの関係で真の自己となることに努める。 (42)	○自己の直接的なありのままの体験にもとづいて、誰とでも自由率直な関係を保とうとする。 (49)

C. Rogers 著／伊藤博訳／飯塚銀次編

表1　カウンセリングの

ストランド	過	程	
	1	2	3
1.感情の個人的意味 FPM	○自己の内部感情を意識しないから、話題の中にほんとの気持ちや気分がのっていない。 ○感情は遠いもの、過去のもの、離れたものとして述べる。 (1)	○感情は時に意識されるが、外部のもの、過去の対象として非人称的に述べる。 ○自分の感情はなるべくさけるように、自己と無関係に述べる。 (8)	○感情は過去でも私が出て個人的意味が次第に密着してくる。 ○感情を表現した後はほっとした気持ち、滞りがちなようすがある。 (15)
2.体験過程の様式 EXP	○体験過程（体験）から深く離れて直接的な気持ちを述べたりしない。 ○問題について外部から眺めた過去を語るにすぎない。 (2)	○現在の事象は過去形により規定されたものとして述べ自己との関係に思い及ばない。 ○問題には合理化等で自己を防衛し、直接に体験に近づこうとしない。 (9)	○体験は過去の再体験として報告的に述べるが、まだ直接的、現在的ではない。 (16)
3.不一致の度合 INC	○体験と意識との間に大きい矛盾があるが一方的だから気づかないし、知らずにいる。 ○これは観察者には一方的だとみられる。 (3)	○自己についての発言に、矛盾があっても全く意識していない。 (10)	○体験の中の矛盾に気づくが経験と自己（表明）との不一致がまだ十分反省されていない。 (17)
4.自己の伝達 SEL	○自己を伝達したがらぬし、話は不慣れなどと述べたりする。 ○問題に無関係な世間話をしたりする。 (4)	○問題に触れないで学校・家庭・遺伝等の非自己話題について述べる。 ○自己の外部からの評価を気にする。 (11)	○他人の中に反映された自己の過去を客観的に述べたり自己および自己に関係した活動を客体的に表現したりする。(客体的自己) (18)
5.自己構成概念 PC	○自己を頑固に信じ、絶対的外的事実ときめつけている。 ○価値判断は絶対的、未分化でおおまかである。 (5)	○自己の考えを固守し変えようとしない。 ○自己および生活は外的条件に規定され関与できない。 (12)	○自己はまだ固いが、時に構成に気づき、時に過去の自己の構成の妥当性に疑問を抱いたりする。 (19)
6.問題の関係 PBR	○問題意識や治療の自覚がない。 ○困った問題はないし、大丈夫で健康で変容の必要がない。 (6)	○問題は訴えるが、それは外部に起こり、感情的に意識したりし、責任を感じていない。 (13)	○問題は外部より自己の内部にありと気づくが、感情的に十分意識していない。 (20)
7.対人関係 REL	○カウンセラーとの接近をさけたがる。 ○カウンセラーは治療者、解釈者と思っている。 (7)	○何か話さねばならぬと思うが、自ら質問することを恐れている。 ○相談室を自由の場と考えない。 (14)	○カウンセラーの信頼や受容が高まり、発言が多くなる。 (21)

簡便な判定法

5	6	7	
〔流出傾向〕 突	発的	〔感情〕	1. 感情
瞬時的現在			2. 時相
即時的受容			3. 受容
解放的体験	解明的体験	体験に生きる 〔体験〕	4. 体験
照合できる	体験即照合	最高指標（流動的）	5.
生理的随伴現象（ため息などを含む）	生理学的解放（心の動きと同時に働いていく）		6. 生理現象
有機体的流れ	有機体的過程	〔一般〕	7. 有機体
矛盾の受容	矛盾の一致化	矛盾最小限	8. 同一化
正確さ求む	象徴化一致	象徴化調和	9. 象徴化
内的交通改善	内的交通自由	明瞭化	10. 内的交通
客体的自己（漸減）（「真の自己」になりたい） 欲望	統合 消失 再帰的自覚（主体的自己） 現在の自己を話す（感じとられるままに話す）	〔伝達〕	11. 自己概念
（柔軟性）（自己疑問）	自己の再構成 自己即体験過程	〔自己〕	12. 構成概念
責任明確	問題に生きる	体験に生きる 〔問題〕	13. 問題観
感情水準 交渉	（orで自己になる）	自由率直な関係 〔人間〕	14. 対人観

表1　過程尺度の

	1	2	3	4
感情	非個人的 過去的	非人称的 it 否定的	個人意味 非現在的（回顧的）	個人意味密着 現在方向 受容現わる
体験	固定的 過去拘束	防衛的	過去再体験	不本意の漠然の体験 ＝照合（混乱）
一致	矛盾（無意識） 内的文通（ナシ）		矛盾（認める）	矛盾（実感する） 象徴化 （求む） （frame of refarence あてはまる）
伝達	世間話	非自己的話題	客体的自己 me	
自己	固着性（頑固）	自我ハ外的規制ニヨル	構成気づく 考えられたもの、つくられたものであることを認める	（融通性） 自己発見、自己に疑問を抱く
問題	問題（なし）	問題は外部原因ニヨル	問題の内部原因認め始める	責任気づく
人間	接近忌避	話合必要	受容と発信	感情水準要望

しましょう。

そうなると疑問が出てきます。たとえば、あるストランズが三・六であってそのほかのストランズが四・四であると評価されるようなことが起こり得るか、もし起こるとしたらそれはどうなのかというようなものです。このようなことが起こるとするならば、あるストランズは三・二、別なものは四・六、さらに別なものは二・六というようになってもそれは可能なのかどうかです。

このことについてはハッキリしています。それは、人間がいつも全体としてまとまっているということから導きだせるものです。クライエントの人格がどのようにばらばらであってもそれなりにいつもまとまっていますから、ストランズの評価が段階を越えることはありません。もっと申し上げると、判定の幅は裁量の幅以内になっているのです。つまり、あるストランズが三・六だったら、ほかのストランズは三・二から三・九までの範囲にあるということです。ですから、もし一段階以上はなれる評価が出てきたら、その評価は再検討が必要になります。

このようにして得られたいくつかの、ストランズの評価結果を平均して、その面接記録の評価にします。なお、一人の人の評価はその人の裁量に任されていますから偏りが考えられます。できたら、何人かが同じ面接の逐語記録を評価をし、その平均値を求めるというやり方のほうが妥当性が高いと思われます。

二　実例による練習

第一段階の練習

A

cl.1　来たくもない。ただ来て、あんまり長くいるのは厭だけどなあ。

cl.2　お説教されている感じ。

cl.3　そんなことだなあ。誰だっていい気持ちじゃナインじゃねぇのかなあ。俺たちみてえな野郎がよ。ずーっと座ってたりなんかして。先生よ。俺なにするためにここへきてるんだよ。俺にはわかんねぇけどなあ。（先生はクライエントのクラス担任）

ＦＰＭ：場面から逃げたい様子がありありとみられます。クライエントの内部に感情があるはずなのですが、それは表れていません。

ＥＸＰ：ここへ無理に連れてこられた様子がみて取れます。興奮していて体験は、流れているのに、それにはちっとも触れていません。自分の体験過程にまったく、気づいていないということです。

ＩＮＣ：いやいやながらでも来たということの中に含まれている、本当の矛盾や悩みに気がついていません。自分も納得してここへきた部分があるのにどうして自分が来ているのか分からないといっているのが何よりの証拠です。

ＳＥＬ：自己を話そうとする態度はみられません。カウンセラーも信頼されていません。

ＰＣ　：自己を頑固に決めつけています。

ＰＢＲ：問題に気づいていないから問題意識もみられません。

ＲＥＬ：カウンセラーを避けたがっています。これは、先生に向かって話しているところによく表れています。

（評価）一・五

（実例の評価）

このクライエントは、問題行動を起こして学校に補導されました。その時の学校側のとった態度が面白くないということで、担任教師を殴りました。反省を求められたのですがごねたので、担任に連れられて面接にきました。不満で早く帰りたく、このように話したというのが実際です。

第二段階の練習

B

cl.1　弟の子を連れてきているんです。で、下のは、私たちの実の子なもんですからね。なんかこう、私たちの方では、自分の子と分け隔てをしてる積もりはないんですよ。けどね。それで、なんか毎日、お寝しょするんですよ。夜は一度起こすんですよね。私たちも二度起こせばいいんですがね。おしっこしてもね、あまり怒らないようにしているんですよね。で、「おにいちゃん、今朝もおしっこしたね」っていっても、まあ、おしっこするのが当り前みたいな顔しているんですよ。で「寝る前に、お水飲んじゃいけない」って言って聞かせるんですけどね。妹が飲んでいると「僕もちょっとよ」といってね。もうがぶがぶ飲んじゃうんですよね（1―2）。

FPM：自分が子どものお寝しょで、とっても困っていることには触れず、何か報告でもしているようです。本当に困っているのなら、困っている話になっていくのが本当です。

EXP：お寝しょをするというのは人間関係に問題があるなんて、ちっとも気づかずに「人の子が、お寝しょをするのは、何かのせい、私には無関係」という立場が見え、自分の体験過程には、防衛を使って、直接触れようとはしません。「お水を飲みすぎるからです。私は、飲んじゃいけない言っていってるんですよ」「夜中に一回起こすんですよ……」

INC：もらいっ子と実子との間の扱い方にちゃんと差があるのに、そして自分でちゃんと言っているのに自分は分かっていない。防衛しているから、この矛盾に気づかない。

SEL：自分のことはなに一つ伝達していない。

PC　：私にとってもらいっ子は、どうも処理しにくい。〝今朝もやったねって言っても、やるのが当り前の顔している〟という例でも分かる。

PBR：もらい子には、養育の責任が持てない。こんなにいいながら、その裏では、〝困ったもんです。どうにかなりませんかねぇ〟といったものが感じられるようです。

REL：自分のことはでてこない。自分の子どものことで話が出ている。自分を知らないうちに〝何か話さなければならないから〟みたいなところで動かしています。

（評価）二・七

（実例の説明）

この評価は、二・五ではなくて、二・七です。これは、すでにおわかりのように、文章が、事例とぴたりではなく、もう少し三段階に近いと思われて評価がおこなわれたことの結果です。

「この子は主人の弟の子で、乱暴で落ち着きがなく、妹を虐める。学業も不振だし、毎晩夜尿があって困っている。家庭教育はどうしたらいいだろう」というので相談にきた方の、第一回目の記録です。

まず、〝弟の子〟のことだという語りかけです。そして、下のは私たちの実の子なもんで、と言っています。どうして上の子と言わないのでしょう。わけ隔てをしているつもりはないと言っても、ちゃんと言いわけや理屈をつけていますね。もうこんなところにクライエントさんの問題があるのですけれど、この方はそれを問題とはとらえていないことが分かります。このような状況です。

括弧の中の数字はこの記録を取り出した面接回と部分を示しています。これは、第一回目の面接の二番目の部分（一回の面接を時間の約束などの部分を除いて九等分したもののうち、第二番目の部分の一部）からであることが分かります。

第三段階の練習

C

cl.3　それで、何か少しでも説教めいたことを言われると、であの、なんかこう反発してくるんですね。であの、なんかこうやるとね、私が「お兄ちゃんていうものは、そういうもんではないでしょう。こういうもんでしょう」って、こういってきかせるとね、「お母ちゃんはすぐまたそういう」ってやるんです。なんて言うんですか、ひとつ言っても「はい」って、なかなか言いませんね。でも、私は、同じ悪いことをしても、なるべく妹を怒るようにしてきたつもりなんですけども。主人は、もう悪いことをするから、主人から怒られる率が多くなっちゃうわけなんですね（2—3）。

FPM：自分の感情がまだぴたりと出てきてはいない。以前よりも、親子関係の話をし、生き生きしたものがあるけれども、まだよそよそしい。

EXP：これは、過去の生活のひと駒で、自分の体験過程には直接触れていない。ただ終わりの方で、妹を叱るようにしてきたんですけど、のところに体験過程への接近がみられる。

INC：兄と妹を知らないうちに差別していて、話している言葉との矛盾がはっきりと分かっていない。

SEL：子どもへの接し方、見方を客体的に述べているのみであり、子どもを語ることで、本人が生き生きと伝わってこない。

PC　：兄と妹へ接する態度に、違いがあるのを幾分分かってきてはいても、自己の態度は固く守っている。

PBR：問題の責任について、うっすらと感じはじめている。

REL：カウンセラーを信頼し、発言が多くなり、平易になる。感情レベルでの、交流を望みはじめるしるし。

（評価）三・四

（実例の解説）

この実例では「私」が登場してきます。ただ、自分のことで相談にきたのではないと思っている回ですから、「私」のこれまでの行動のやり方、そこからくる「私」の価値基準などがよく出ていますし、お兄ちゃんが悪くなる一端がよく現れています。

第四段階の練習

D

cl.6　自分で気が向いた時はね。とっても素直な時があるんですね。「おかあちゃん、こうしてね、ああしてね」って、とても素直にやることがあるんですけどね。

cl.7　ええ。そう思うんですよ。だから、皆さんにきいてみるとね、学校であったことは、こういだああだって話すらしいんですね。うちの子は全然そういうことがないんですね。それで、いろいろきいても、「ないよ」っていうんですね。だから、なんか私に欠けているところがあるんじゃないかって気もするんですけれどもね（2―8）。

FPM：ここで述べられている過去のことは、すべて現在の気持ちの表現になっている。

ＥＸＰ：話に一貫性が欠けてくる。これは、自分の内部の照合枠が不明瞭になっていることや、体験過程がうまく知覚されない有様を語っている。

ＤＮＣ：自分の経験と自分の意識とが一致しないらしいという実感が、6と7とを比べると分かる。

ＳＥＬ：終わりに話した、自分に何か欠けているところがあるのかという形は、クライエント自身の不安な自己を表している。この形の自己表現は、カウンセラーを信頼していないとできない。経験によりここへ気持ちを集めていることが分かる。

ＰＣ　：自己の概念の誤りに気づいている。それを修正するために、経験に基づいて本当の自己のあり方を求めようとしている。

ＰＢＲ：問題には、自分に責任があると感じはじめている。

ＲＥＬ：一層、カウンセラーと、全人として、信じ合える人間関係を築こうとしている。

（評価）四・三

（実例の解説）

「気が向いた時は、とても素直になる時がある」という話から始まったこの回は、クライエントがお兄ちゃんに対して肯定的な気持ちになっていることを語っています。これまでのクライエントとは違ってきています。子どもに心が開いていることを示しています。そして、ほかの子どもと同じように接しないわけは、子どもの方に原因があるというよりは、むしろ自分の接し方に、自分の中に何か欠けたところがあるからではないかと、自分の内面に目を向け、自分のやり方を振り返っています。

第五段階の練習

E

cl.5　子どもに何か言うと、「お母さん怒った」と言われるんですね。注意の仕方って難しいんですね。ひとっこと頼んだら、こっちは、早くやってもらいたいし、向こうはのんびりしているんですね。そうすると、ちょっと声が大きくなってしまって、注意が注意でなくなってしまうんですね。でも、まあ、この頃はもおう少しゆっくり待ってからにしようっていう気持ちになりつつあるんですよ。今までは、こう、すぐ追い打ちをかけちゃって、それでは子どもがあんまり可哀そうで、自分でも、一生懸命待ってもできないんだから、自分がそのとおりなんだから、もう少しゆっくり待ってやろうって気持ちになってきて、まあ、この頃は、前よりも子どもに向かう気持ちが変わってきているんですよね（4―4）。

ＦＰＭ：感情が起こってくると、それはすぐ言葉に置き換えられている。それは、現在の中ですぐに受け入れられていることを示すものである。

ＥＸＰ：〝ゆっくり待とう〟ということで示される体験過程のあり方が直接性をもって語られていることや、現在のことであることなどから、体験過程が確実に動き出していることが分かる。

ＩＮＣ：できないことで焦っていた自分をそこに矛盾があると感じはじめている。

SEL：現在そのものを大切にしたい気持ちが現れている。

PC　：ゆっくり待とうで表現されている、新しい自己が出てきていることに注目したい。ここでは、自分の心の中が流れはじめていることが分かる。

PBR：子どもに対する責任、自分に対する責任を十分に感じている。

REL：カウンセラーに、自由に話しかけている。

（評価）五・二

（事例の解説）

Kさんは、なぜ変わったのかはっきりした意識はありません。ただ、変わったというのが体のレベルで分かっています。「この頃は」「今までは」という発言から、Kさんにとっては不一致というものが認識の差だということが理解できているようです。その認識の仕方は、今までは追い打ちをかけていたけれど、じっくり待とうというようになっていっていることで分かります。これは、〝以前は感情が心の中で起こるとすぐに出てきていたが今はそうでなくなった〟という意味のことです。ここに、クライエントさんの落ち着き、余裕が感じられます。

お母さんが、子どもをどう見ているかというと、子どもの悪いところをとおして自分の子どもへの接し方がまだ粗末であったことに気づいている表現があります。Kさんの体験過程が、彼女の価値観のもとですべての指標になっている姿があります。問題に対する自己の責任がここからはっきりと分かります。〝追い打ちをかけたらいけない〟今まではそれしかしなかった。〝それじゃ可哀そうだから少し待とう〟は、子どもの見方を自己の中に取り入れようとしている姿です。
ここで非常に大切なのは、今まで感じていたのに認めなかったり拒否していたりしたものを自分がみて、それをカウンセラーにさらりと言ってのけていることです。これは人格の変化の一つの大切な指標ですからよく心しておきましょう。

E

cl.2 今までは、一〇点とってくると、満点とってもらわなくちゃっていう頭があったものですから、こんな点じゃって、つい、口に出してしまったんですけど、この頃は、この子は、まだなんだな、と思って、二〇点でも三〇点でも「あらよかったね、これだけでもできたら大したものよ。今度はもっとできるように勉強しようね」って、私もスラスラ言えるんです。そうすると、とても喜んで、五点でも多いと「今日はね、このあいだより多いわよ」って、帰ってくるんですよね。それが、これまでは、子どもに無理なことを望んでいたから、負担が多すぎたんですよね。結果的には、ますます悪い方へいっちゃったんですよね。

FPM：ゆったりと、自分の気持ちを噛みしめながら言葉になおしている様子が話出しのところから伝わってくる。心の中で起こっている感情をそのまま言葉に直している様子が分かる。スッと、言葉が出ていることに注意しましょう。

EXP：今までの価値基準ではなく、新しい照合枠ができつつあることが、中ほどの発言からはっきり見て取れる。

INC：自分の子どもに対する認識をちょっとしたことで変化させ、肯定的に子どもに向かっていることは、自分の経験をより多く認めようとする兆しであろう。

SEL：自分の感じ、考えなどがスラスラと出てきている。自分の中にあるものを私がこうなんだという観点で表明し、そこから、ありのままの自分になろうとしているのが感じられる。

PC　：自分を見る目が、とても柔軟性を持ってきている。自分の感情をそのまま受け入れ、そのまま認めようとしている気持ちも同様に感じられる。

PBR：問題に関する感じははっきりと変わっていて、問題にどのように対処するかが今の問題になっている。

REL：カウンセラーとの人間関係を人間同士の関係にしたいという感じが感じられます。

（評価）五・五

（事例の解説）

この回のKさんは、もう子どもではなくて、自分の子どもに接するやり方にその基本になっている自分の価値観、子どもへの期待度などが、毎日の行動になって出ていたことを認めています。そして、今まで気がつかなかった自分の場所に気がついて、それを、子どもに、さらりと言ってのけると、子どもも、プラスの方へ動いていくことが述べられています。子どもに無理な期待をしないで、少しずつ、子どもの可能性を伸ばすようにしていきたいというのが、如実に語られています。

第六段階の練習

F

cl.2　子どもが大変良くやってくれるようになりました。私も、今まで、気にして、ガミガミ言っていたところもおさまって、我慢するっていうこと、いくらかずつできるようになってきました。で、私の見る目も変わってきたんだろうと思うんですよ。子どもの方もよくやってくれるようになったし、本当に喜んでおります。

cl.3　今までは、教えるっていうより、怒ってしまうことの方が先だったんですよね。それがこの頃は、よく話し合って、分かるまで話し合って、やれるようになってきたんですよね。

cl.4　先生から、あの、このあいだ「特殊学級どうしましょうか」ってご相談受けたんですけど、やらせれば、できるんですけどね。それ、なかなか考えようとしないんですよね。家でやると、みんなが一〇題やる時、二題から三題なんですけどね、勉強なんて言ったら、手順よくうまくいかないんですよね。それでも、勉強するようになりましたからねえ。前には、勉強なんて言ったら、さっさと遊びに行ってしまったんですものねえ。この頃は、自分から、帰ってくると「お母ちゃん、今日はどこやるの」っていう調子なんですものね。自分からやる気になってくれただけ有難いと思うんですよね。前には、家で勉強するなんてこと、恐らくなかったんですからねえ。先生にも、宿題忘れてきて、仕様がないって言われたんですよ。で、「宿題は」っていうと「ないよ」って、知らん顔してたんですものねえ。こちらに通うようになってから、自分から進んで少しずつやってくれるんですから、自分から進んで少しずつやってくれるんですから、自分から進んで少しずつでもやってくれるんですから、長続きはしないにしても、これが、今の、あの子の力いっぱいなんだと思って、欲かかないようにして、まあ、これで満足してだんだんに、伸ばしてやろうと思うんですよね（6―1）。

FPM：子どもが大変良くやるようになり、とても嬉しい。私も不満ばかり言わずにだんだん伸ばしてあげられそうだ。

EXP：子どもを叱らずに、やることが我慢できるようになった、そうすると、今まで、できないと思っていたのが、やる気が出てきて、嬉しい。

INC：叱るとやらないし、面白くなかった。子どものやる気のあるのを見ていると、以前の私のやり方の、悪いあちこちが思い出される。

SEL：分かるまで話し合え、自分を伝え合えることから、素直に、反射的に、自己が表明されている。

PC　：自分のいけないところ、改めるべきところが素直に、実感とともに納得される。遊びたい子どもが遊ばずに机に向かっている姿を見て、クライエントの中に新しい自己発見が生まれ、その発見がクライエントそのものの姿になっている。

PBR：子どもを良くすることは、自分の生きかたを変えることだ、クライエントは子どもに、無理をせず、子どもから新しい生きかたを学んでいる。

ＲＥＬ：クライエントは、本気で自己に取り組み、カウンセラーを信頼しきって話している。

（評価）六・七

（事例の解説）

クライエントは前回、「うちの子どもは、人より遅いけれど、ちゃんとこの子なりのスピードでやっていくのだから、待っていればいい」と言っていましたが「待っていると向こうの方から、〝今日はどうするの〟と言ってくれるようになって、幼いながら催促するし、自分から進んでやるようになってきつつある。私は、この足並みに合わせて、自分も満足して、だんだん伸ばしてやろうと思っている」と発言しています。

クライエントの中には、子どもがやる気をなくしていた時に感じていたものと、子どもに催促しなくても向こうの方から逆に催促するようになってきて今感じているものとが一緒になって、今の世界で受け入れられている有り様があります。今まで勉強しようとはしなかった子どもだったからスピードが遅いのかもしれないという理由付けがついているような見通しや、遊びにもいかないで進んで宿題をするようになった子どものいじらしさ、子どもの学業不振は子どもだけの責任ではなくて、親であるこちらの接し方にも問題があり、責任も感じるということが、納得づくで伝わってきています。

G

cl. 14　おばあちゃんは「子は親の鏡っていうじゃないの」ってよく言われるんですよね。鏡をよく見て、自分の気持ちを直しなさいって、自分では気がつかないところを子どもがやっていてね、「お母ちゃんそうしてはいけないよ」って教えているんだからって。今までは、自分の気持ちだけで、子どもの気もちってものを全然考えてやらなかったことが、いけなかったかなあって。気が付いて、子どもがカッカッと怒る時、あぁ自分がそういうことをしているんだなあと思って。

cl. 15　私もいろいろ、自分の悪いところなんかが分かってきて、それを直さなくては、子どもだって直るわけないいってこと、分かって（10―7）。

ＦＰＭ：子どもから得たものを、反省の糧として、子どもへの希望を経験し、自分も良くなろうとしている。

ＥＸＰ：経験の意味と、子どもを理解するという経験の意味とを価値基準として出発点に立っている。

ＩＮＣ：自分が思ったことをそのまま口に出して安定している。

ＳＥＬ：学業の不振やそれへのわだかまりというものが、自分の中ではもうそんなに大きな問題になっていない。とても流動的になっている。

ＰＣ　：自己は流れ続け、再構成され続けることを生き生きと体験している。

ＰＢＲ：学業不振は、子どもよりも母親のあり方にあることを自覚し、適切な行動がおのずと選択されていく。

ＲＥＬ：誰にでも話せる感じで、自分の一つ一つの言葉を噛みしめるように、世間話のように語っている。

（評価）七・〇

（事例の解説）

母親の気づかないところを子どもが教えてくれること、母親の悪いところを子どもが指摘してくれているのだから、親がそこを直さなくては子どもは直らない。自分だけが安全地帯にいるような気持ちで子どもを直そうとしても無理だと語っています。

第三項　簡便な過程尺度の判定方法

一　感情の個人的意味

a　「私」が出ているかいないかで二段階と三段階とを分けます。

b　「現在の感情」が出ているかいないで三段階と四段階とを分けます。

c　否定的な感情も、スッと出てきて、それが受け入れられているかいないかで、四段階と五段階とを分けます。

d　六段階は、物の見方の変化、感じ方の変化が起こっているかいないかで分けます。

二　体験過程の様式

a　二段階と三段階との境は、適応機制（自己防衛機制）を使っているか、いつも自分を、理屈をつけて安全地帯に置こうとしているかどうか、自分に素直になっていられる割合が、どれだけあるかどうかです。

b　三段階と四段階との境は、支離滅裂さがあるかどうかです。

c　四段階と五段階との境は、その支離滅裂さが収まって、新しい展開が現れているかどうかです。

d　五段階と六段階との境は、人格変化の点で、劇的な変化があるかどうか、生理的な反応が生じているかどうかです。

三　不一致の度合

a　一段階と二段階との境は、適応機制つまり屁理屈を使っているかどうかです。

b　二段階と三段階との境は、不一致に気付きはじめているかどうか、自分に素直になってきはじめたかどうかです。

c　三段階と四段階との境は、不一致の気付きがはっきりしているかいないか、沈黙が起こって苦悩が現れているかどうかです。

d　四段階と五段階との境は、否定的なものが自分の異なった側面として認識されているかどうか、不一致が気にならない方へ動きはじめているかどうかです。

e　五段階と六段階との境は、不一致を問題にしているかどうか、象徴化の言い直しがあるかどうかです。

f　六段階と七段階との境は、象徴化の正確さと発言の中の無駄な言葉の量的な比較です。

四　自己の伝達

a　一段階と二段階は、会話の特質です。自己に向かって、会話の輪が挟まっているかどうかです。

b　二段階と三段階の区別は、　自己のことが語られているか否かです。

c　三段階と四段階の区別は、いろいろな自己が語られているかどうかです。

d　四段階と五段階は、感情の中に自己を伝えようとしているかどうかです。

e　五段階と六段階は、自己が体験過程に密接している割合です。

f　六段階と七段階とは、ダイナミズムの程度です。

五　自己構成概念

a　一段階と二段階の区別は、頑固さ、二者択一的発想の程度と、悩みの発生の様子です。

b　二段階と三段階の区別は、自己のものの見方が修正可能と思っているかどうかです。

c　三段階と四段階の区別は、自己像の融通性の度合いですし、悩みの深刻さの度合いです。

d　四段階と五段階の区別は、自己についての新しい発見があるかです。

e　五段階と六段階の区別は、自己像の柔軟性の度合いです。

f　六段階と七段階の区別は、体験を仮のものと思う度合いです。

六　問題との関係

a　一段階と二段階の区別は、問題の意識があるかどうかです。

b　二段階と三段階の区別は、問題と自己との関わり方、受取りかたが出てくるかどうかです。

c　三段階と四段階の区別は、問題への自己の責任を意識しているかどうかです。

d　四段階と五段階の区別は、問題にきちんと取り組もうとしているかどうか、そこから、新しいものを得ようという気概があるかないかです。

e　五段階と六段階の区別は、問題を時、自己のあり方へと展開があるかどうかです。

f　六段階と七段階の区別は、新しい生きかた、あり方が、現在の自己を軸にして、展開していこうとしているかどうかです。

七　対人関係

a　一段階と二段階の区別は、カウンセラーとの接触を避けたがっているかどうかです。

b　二段階と三段階の区別は、カウンセラーが信用されるようになりつつあるかです。

c　三段階と四段階の区別は、感情水準の話が出てきているかどうかです。

d　四段階と五段階の区別は、感情水準の人間関係を保とうとするかどうかです。

e　五段階と六段階の区別は、カウンセラー以外の人間とも直接的なありのままの人間関係を試みようとするかどうかです。

第四項　評価の具体的なやり方

今まで述べてきたような特徴が面接記録の中にありますから、それを面接記録の中に捜し求め、その特徴を探り当てたら、次の要領で評価をします。

・面接記録の特徴が、各ストランズの、どの枠にもっとも近いかを探り、決定する。

・その枠にぴったりしていたら、その枠の段階の中央値（三段階だったら、三・五）を与える。

・ぴったりしていなかったら、その枠の右、左の枠を見て、その特徴を勘案し、（三段階なのだけれど、四段階に近いと思ったら、三・六から三・九までの間）評価点を決める。

・このようにすると、評価結果の誤差は、〇・五以内になる。

・七つのストランズは、選び出した面接記録がそれほど長くなければすべてそこに現れてこないかは、七つのストランズのうち、少なくとも四つのストランズについて記録を得、それを平均して、その面接記録（部分）の評価点としてもよい。

・単一個人の評価は、主観に左右され易いから、評価に通暁した人間を複数人選び、全員に同一の作業を依頼し、評価結果が得られたら、それらを平均して、最終評価値とする。

・評価の期間内には、相互に連絡などを取り合わないように配慮する。

これは、面接記録さえあればできますし、しかも、客観性もみられるので、このやり方を身につけておくと、役に立つと思われます。

〈参考文献〉

飯塚銀次、一九七〇、プロセススケールのExsamplesの研究、相談学研究Vol.3、No.2
飯塚銀次、一九七三、人間探究と創造性の開発、高陵社書店

あとがき

いろいろの方がこの書物をお使い下さって、有難いと思っていましたが、いつの間にか一八年が過ぎ去ってしまいました。そういえば、女房の一七回忌をこの間済ませていたと思っていましたのに、まもなく二三回忌がやってくるのに気がつきました。それだけこの書物が古くなった印なのです。

道和書院から、改訂の話があった時に、もう少しカウンセリングの心を伝えたいと思ったのでした。私は今、カウンセリングの真髄は技能でも知識でもなく、その人の人柄が一番大事だと実感しています。知識や技能などは、覚える時期があります。そのためには実践がなにより大切と感じています。これを飽きるほど繰り返していくと、知識も技能もいつの間にかわが身に付きます。あたかも文字を習うことと同じです。今日書く文字は明日のための練習、明日は明後日のための……という具合に毎日実践しているので、いつかその人でなければ書けない書体の字がその人そのものになります。そのために私はミニカウンセリングを開発しました。

カウンセリングでは他人の心にずんと響く言葉やその人の人柄からでてくる温かな雰囲気を現実の場面で相手に感じてもらうことがなによりも大切と思っています。人間って感じあう生き物だからですね。

私たちは自分の気持ちを言葉にします。それをきいて相手も自分の気持ちを言葉にします。カウンセリングはそのために人間関係を円滑にする大切な働きをしています。

どうかこの書物の意図するところを我がものにしてください。実践するのが一番いいと思います。終わりに道和書院の鬼海様と小泉様に大変お世話になりました。篤くお礼申し上げます。

著者

平成一九年一〇月

著者紹介

岸田　博（きしだ　ひろし）

出身地：新潟
出身大学：昭和29年東京教育大学体育学部健康学科卒業
昭和32年東京教育大学教育学部教育学科卒業
昭和34年東京教育大学大学院修士課程教育学専攻
教育学専修修了
職　　歴：東京農業大学教授　教職課程
著　　書：心理学—道和書院
青年心理学—道和書院
カウンセリング—芸林書房（共著）
カウンセリングと教師教育—協同出版（共著）
気づかされていく私のこころ—道和書院
社会活動：日本カウンセリング学会理事
日本応用心理学会運営委員
日本人間性心理学学会誌編集委員
日本心理臨床学会会員
青少年育成国民会議通信教育担当講師
東京人間開発研究会代表（カウンセリング研究団体）
海外農業教育研究協会会員

来談者中心カウンセリング私論　改訂版

2007年11月15日　初刷発行

著　　者　岸田　博
発 行 者　鬼海　高一
発 行 所　道和書院
171-0042 東京都豊島区高松2-8-6
TEL　03(3955)5175
FAX　03(3955)5102
URL　http://www.douwashoin.jp/
振替口座　00160-6-74884

Printed in Japan ISBN978-4-8105-2102-3　C3075